青嵐《せいらん》の庭にすわる

「日日是好日」物語

森下典子

文藝春秋

JN035788

薫風自南来

撮影初日の稽古場のセット。
横浜市内にある一軒家の広い芝生の庭に増築されたこの茶室で、
映画「日日是好日」はクランクインし、一カ月間にわたって撮影された。
天井からぶら下がっているのは、撮影用の照明機材。

初日のシーンの道具。画面中央に風炉釜。右から、水指、茶筅、棗と茶杓、お茶碗。
風炉の隅には、茶巾が見える。左端は建水。

茶室へと続く廊下。撮影中は、スタッフや
女優さんたちが行き交った。

水屋の棚に並んだ、帛紗などの道具。

朝日焼のお茶碗と茶筅。

茶室の縁側の向こうは茶庭。芝生だった庭に、美術スタッフが樹木や飛び石、つくばいを運び込んで制作した。

菓子器の蓋を開けたら、
あやめ饅頭。お菓子はすべて、
和菓子屋さんに注文して
作っていただいた。

稽古場の長押の上に掛けられた扁額。
「書家」は、当時小学五年生の女の子。

夏の稽古場

盛夏の茶室。障子が葦戸に替わり、室内から庭が透けて、涼しげに見える。
江戸切子の水指も夏らしく。

風の抜ける緑の縁側。

夏は、寒天を使った和菓子が
多くなる。六月の「あじさい」。

冬の稽古場

「炉開き」の日。ここから茶室の冬が始まる……。
お釜の場所が変わり、道具の配置も、お点前もすべてが冬仕様になる。

冬は、湯気が白く見える。

千両に積もる雪も、
スタッフが徹夜で降らせた。

炉の中で、赤々と燃える炭……。美しく、暖かい。

濃茶は、トロリと。
よく練って、コクのある味に。

薄茶は、さらさらと。
泡が切れて水面に三日月が見えるように。

「水屋」は、茶室の台所のような場所。道具の置き場も決まっていて、清潔で使いやすい（右写真）。下は、初釜のシーンで使われた「戌年」の干支のお茶碗。

はじめに　数寄屋橋交差点で

平成二十七年十一月。

ある朝、テレビをつけたら、もう来年の干支《えと》の話題が流れていた。

来年は申年《さるどし》。私は年女だ。

（そうか、もうすぐ還暦《かんれき》か……）

毎年、同じように一段一段、年齢の階段を上がっているのに、「還暦」という言葉は、何か特別高い一段のように思えた。


その日の午後、銀座で仕事の打ち合わせを終えた帰り道、私は数寄屋橋交差点に立って、信号が青に変わるのを待っていた。見上げると、晴れた秋の空に雲一つなく、透き通った陽ざしを受けて、大きなビルのガラス窓が巨大な鏡のように光っていた。

……不意に、遠い昔、この交差点に立っていた日のことを思い出した。

あれは大学四年、就職活動中だった。まだ男女雇用機会均等法がなかった時代に、第二次オイルショックの影響で、どこへ行っても「四年制大卒の女子の採用はありません」と、履歴書を突き返され、私は茫然とこの交差点に立っていた。

社会への出発点で「お前はいらない」と、門前払いされたのだ。これからどこへ向かって行けばいいのか、わからなかった。秋の空にそびえるビル群が、勝者の象徴のように見え、自分が砂漠の真ん中にぽつんと立っている行き場のない旅人に思えた。


そんな私にアルバイトの話が舞い込んできたのは、その年の暮れだった。巷《ちまた》の面白いこぼれ話を聞き取って小さなコラムを書く仕事だった。私はそのアルバイトで在学中から原稿料をもらうようになり、卒業後もそのコラムに原稿を書いて暮らしていた。

何年もアルバイト暮らしをしている娘を、親は心配した。

「将来、どうするつもりだ」

「フリーライターになって、いつか自分の名前で本を書く」

そう答えると、親は猛反対した。

「筆一本で食べていくのが、どれほど大変かわかってるのか。物書きなんて、華やかなのは、ほんの一握りの人だけなんだぞ」

不安定な仕事なのはわかっている。だけど、その道に賭けてみたい自分がいた。

ルポ、インタビュー、体験記……。様々な記事を書いた。やがて、自分にはエッセイが向いていると思うようになった。

三十代になって、夢だった本を出した。原稿の依頼が来るようになり、「独り立ち」したという意気込みで、最初はわくわくした。けれど、やがて空恐ろしくなってきた。書くのをやめたら、即、収入はゼロ。私は死ぬまで原稿を書き続けなければならないのだ。自分が選んだのは、手漕ぎのボートで大海原を渡るような人生だということに気づき、ゾッとした。

四十代。時々、自分は今、人生のどのあたりにいるのだろうと思った。陸の見えない海のど真ん中を、ボートで一人漂っているような気がした。岸に戻ろうにも、戻れない。不安と葛藤《かっとう》の日々になった。

そして私は、自分の心の内側をエッセイに書き始めた。葛藤の中に、小さな輝くものを見つけることもあったし、自分はもう駄目だと思う夜もある。そういう時は、ただ波間に漂うしかなかった。

気が付けば、五十代。かつての同級生たちが定年後の人生を考える年齢になっても、私に安定や安泰はなかった。週刊誌のアルバイトをしていた頃と同じように、相変わらず、机にしがみついて原稿を書いている。

若さに任せて夢に飛びこんだ自分の生き方を後悔してはいない。ただ、随分向う見ずだったと、ヒヤリとする。そして、そんな私も、来年は「還暦」になるのだ。

来年は還暦に……。

えっ……あれから四十年⁉

そう思った瞬間、私の中で何かが音をたてて変わった。

私は、まがりなりにも筆一本で生きることができたのだ……。

抜きんでた才能があったわけではなかった。それでも、心に従い、自分を生きてきた。

行き場のない旅人のように数寄屋橋交差点に立っていた大学四年の秋から、今日までの紆《う》余曲折《よきょくせつ》と葛藤が愛おしく、そして、その長い道のりが、唯一無二の、かけがえのない物語に思えた……。

(よく生きてきた……)

その時、人生の景色が百八十度変わった。

数日後、思ってもみなかった話がやってきた。

それは、生涯忘れることのできないできごとの始まりだった。

目次

第三章　怒濤の撮影現場

第四章　映画公開、そして……

第一章　それは図書館から始まった

一本の電話

行きつけの喫茶店で、携帯が鳴っているのに気づいた。

「もしもし？」

「あ、島口です」

島口さんは編集者で、十数年前から一緒に何冊か本を作ってきた。

「今、ちょっとお話しできますか？」

「はい、大丈夫ですよ」

「先ほど、『日日是好日《にちにちこれこうじつ》』の映画化について相談したいという連絡があったんですが」

「……えっ、映画化？」

子どもの頃から映画が好きだった。映画はいつも夢を見せてくれた。映画でさまざまな感情を味わい、映画で育った。

だから、映画と聞くと、心が躍《おど》る。

実は、以前にも、映画化の話があった。平成十四年、『日日是好日 「お茶」が教えてくれた15のしあわせ』が出版されたばかりの頃だった。私も島口さんも夢みたいだと喜び、期待した。だけど、話はあっけなく流れた。

その後ももう一度、映画化の話が来た。これも流れ星のように消えた。

夢みたいな話は、夢に終わった。

あれから十三年が過ぎた。久々の映画化の話に、つい心が浮き立ったけれど、島口さんも私も、有頂天にはならなかった。

「こういう話は、十のうち一つ実現するかどうか……」

「そうね、また、話だけかもしれないし」

「とにかく、私がそのプロデューサーに会って、お話をうかがってきます」

そう言って、彼女の電話は切れた。

次の週、私は自宅で、いつものように締め切りが間近に迫った原稿と格闘していた。昼からパソコンに向かって夕方まで原稿を打ち、夕食後も、深夜までパソコンにしがみつく。

その最中に電話が鳴った。

「もしもし」

「あ、島口です。今日、会って来ました」

「？」

一瞬、何のことかわからなかった。

「プロデューサーに会ってきました、映画の……」

「あ〜。で、どうでした？」

「それが……熱いんです。ものっすごく熱いんです！」

島口さんの声がいつもと違う。電話の向こうから、熱風が吹いて来るような気がした。

「お引き合わせしますので、とにかく直接会って、話を聞いてください」

その年の暮れ、島口さんのマンションで、その人と会った。

リビングの椅子からサッと立ち上がって、律儀なお辞儀をしたその人は、長身で、上から下まで黒ずくめだった。

ウェーブのかかった長い髪に、男らしい眉。くっきりとした二重瞼《ふたえまぶた》の涼やかな眼元……。

どこかに、サッカー選手のような精悍《せいかん》さを感じた。

（映画を「作る側」にしては華がありすぎる。もしかすると、元俳優だろうか……）

そんな疑問が、しきりに頭の中をめぐった。

「吉村と申します。よろしくお願いいたします」

映画プロデューサー、吉村知己《ともみ》氏、四十一歳。映画配給会社に十年勤め、六年前に独立して映画製作のプロダクションを立ち上げたという。

互いの挨拶が終わり、椅子に腰を下ろすと、吉村さんは「実はですね……」と、身を乗り出した。そして、ある日のできごとを語り始めた。

図書館の出会い

その日、吉村さんは、小学生の末の女の子と近所の図書館に行った。その子が児童書のコーナーにいる間、彼はひとり、ぶらぶらと一般書の本棚の前を歩いていた。ずらりと棚に並ぶ無数の背表紙……。彼は何を探すわけでもなく、ただぼんやりと棚を眺めた。

すると、棚の中で、一冊の白い背表紙が光って見える。ふと足を止め、その本に手を伸ばした。

「……………」

柔らかな白の表紙に、「日日是好日《にちにちこれこうじつ》」という題名。

彼は、その装幀に惹かれた。

何の本かわからないまま、「まえがき」を開いた。

静かな図書室に、ページをめくるひそやかな音がする……。


それは二十歳の時、お茶の稽古《けいこ》に通い始めてからの二十五年間を綴ったエッセイだった。私は元々、茶道に興味があったわけではない。母に勧められ、何となく始めた稽古事だった。お茶は、襖《ふすま》の開け方、畳の歩き方に始まり、一挙手一投足に至るまで決まりだらけだ。自分が何をやっているのかわからない。先生に質問すると「何でもいいから、やりなさい」と叱られた。言われた通り、ただ操り人形のように手を動かすしかなかった。覚えようとすると「覚えちゃだめ」と、また叱られた。

毎週毎週、注意される。がんじがらめで自由がない。足が痺《しび》れる……。なのに、帰り道は、空が高く、遠くまで見えて、なぜだか妙に気持ちいい。私は稽古に毎週通った。

すると、ある時、お茶碗に注いだ「お湯」と「水」の音が、違うことにハッとした。生ぬるい空気の匂いに「あ、夕立が来る」と思った。庭木を叩く雨音が、今までと違う音に聴こえた。私はいつの間にか季節を五感で感じるようになっていたのだ。そして、お茶の稽古は、私の大切な一部になった。

二十五年の間には、私の人生にも何度か事件が起きた。婚約を破棄した時、父を亡くした時、私は普段の暮らしに戻ると、いつものようにお稽古に通った。八畳の稽古場に座っていると、季節によって日差しの角度が変わり、お湯が沸くまでの時間が変わり、夏と冬では人の気持ちまで変わる。わけのわからなかった決まり事の謎が一つ、また一つと解け始めた。そして、自由などないと思ったお点前《てまえ》の向こう側に、時々、とてつもなく広い自由の地平線が見え始めた。

（お茶って、こういうものだったのか……）

誰かにその感動を伝えたくて、私はこの本を書いた。


「一気に読みました」

と、吉村さんは言った。

「すごいエネルギーを感じました」

「号泣しました」

ストレートな熱い言葉が畳みかけられた。

「映画にさせてください！」

答えに躊躇《ちゅうちょ》する理由など、あるはずがなかった。

のちに、吉村さんは、こんな言葉を聞かせてくれた。

「この本に救われました。僕の『日日』は、何度も読み返して、原形をとどめないほど、ぼろぼろになりました」

伝わった……。私が込めた思いを、ぼろぼろになるほど読み込んでくれた人がいる……。それをこんなに熱く、聞かせてもらえるなんて、これほど大きな歓びはない。

（この仕事をしてきて良かった……）

目の奥がじんわり熱くなった。


「監督は、大森立嗣《たつし》を考えています。読んでくれと、彼に『日日』を渡しました」

それが監督へのオファーだった。吉村さんと大森監督は、これまでもタッグを組んで仕事をしてきた間柄だという。

「大森監督もこの本を気に入っています。……ただ、僕も監督もお茶の経験がありません。お茶のオの字も知りません。一度、稽古を見せてもらえないでしょうか？」

稽古見学

年が明け、平成二十八年一月。新年の初稽古である「初釜《はつがま》」が終わってお祝い気分も消え、ふだん通りの稽古に戻った頃、吉村さんと大森監督が稽古場の見学に来ることになった。

私が二十歳の時から毎週通っている武田先生のお稽古場は、横浜市内の、東横線の駅から歩いて十分の場所にある。約束した日の正午過ぎ、駅の改札前で待っていると、電車を降りてくる吉村さんが見えた。今日も服装は、上から下まで黒ずくめである。

吉村さんと並んで改札口で監督を待つ間、私はちょっと緊張していた。というのも、大森監督がどんな人か、検索したからだ。

「麿赤兒《まろあかじ》の長男」と、書いてあった。

（えっ、麿赤兒……）

知っている。唐十郎《からじゅうろう》の状況劇場の役者で、七〇年代、暗黒舞踏集団を率いて活躍した前衛舞踏家だ。その全身白塗りの体軀《たいく》は、東大寺南大門に立つ運慶、快慶作の金剛力士像にそっくりで、恐ろしかった。

「弟は俳優の大森南朋《なお》」

(へえ～、大森南朋のお兄さんなのか)

それから、大森立嗣監督の写真を見た。

暗い表情と虚無的な目。笑っている写真は一枚もなかった。「極真空手を習っていた」と書いてある。怖い……。

過去の作品は「ゲルマニウムの夜」「ケンタとジュンとカヨちゃんの国」「まほろ駅前多田便利軒」「さよなら渓谷」……。あらすじを読んで、不安になった。ハードで暗い作品が多い。

「お茶」の世界とは、まるっきり対極にある。

(なんで、この監督なんだろう?)

そう感じたのは私だけではなかった。後で聞いたことだが、映画関係者が、みんな口をそろえて、

「なんで大森立嗣が、『お茶』なの?」

と、聞き返したという。

その時、駅の階段を、一人の男が下りてきた。ベレー帽をかぶり、迷彩柄の服を着てい

る。これからサバイバルゲームに行くようないでたちだ……。その男は、こちらに気づくと、

「どうも、大森です。よろしくお願いします」

と、ひょこっと頭を下げた。その瞬間、口元にチラッと八重歯がのぞき、目元に照れくさそうな表情が見えた……。が、すぐに視線をそらし、ほとんど私と目を合わせなくなった。全身にとっつきにくい空気をバリアーのように張り巡らせ、たまに目と目が合うと、急いで視線をそらす。そのくせ、吉村さんには竹馬《ちくば》の友《とも》のように人懐こく話しかける。

「俺、こんなカッコしてきちゃったけど、いいのかなぁ〜。お茶なんて全然知らないからさぁ」

「いや、監督、僕も全然知らないですよ」

彼らはまるで、初めての部活に向かう男子高校生たちのようだ。

その頃、稽古場はもう準備万端整えて、いつものように「席入り《せきい》」が始まっていた。武田先生のお稽古場は女性ばかり九名。一番若手が五十代。あとは七十代、八十代である。

この稽古場には、出入りの道具屋さん以外、男性が来たことがない。まして、映画プロ

デューサーと映画監督なんて、見たこともない別世界の人たちである。みんな興味津々で、「ねえ、映画監督がいらっしゃるって、いつ？　その日は私、必ず稽古に行きます」

と、電話をしてきた人もいたほどだ。

先生の家の門をくぐった途端、高校生のようにしゃべっていた二人が急に静かになった。庭の奥の方からつくばいの水音がチョロチョロと聞こえてくる。玄関の引き戸をカラカラと開けると、家の中はシーンとして、水を打った玄関の三和土《たたき》に履物《はきもの》がずらりと並んでいた。私が履物を脱ぎそろえている間、彼らは「すごいな」とか、ひそひそ囁《ささや》きながら玄関を見回している。

「森下さ〜ん、お客様に早くおはいりいただいて」

と、稽古場の襖の向こうから声がした。

「はい、ただいま」

私は二人をすぐに稽古場に案内した。

襖を開けると、空気がふわっと暖かい。ちょうど炭点前《すみてまえ》が始まったばかりだった。

「どうぞ、こちらへ」

静かな茶室に並んだ着物の女性たちが、入って来る二人の男性ににこやかな笑顔を向けていた。が、迷彩服を見て、一瞬、空気が固まった。けれど、八十四歳の武田先生は、扇子《せんす》を手に、いつもと少しも変わらぬ涼しい顔で、「武田でございます」と、お辞儀をなさる。

「どうぞ座布団をお当てくださいい。脚はお楽にね」

やがて、女性たちは小さな囲炉裏《いろり》のような炉のそばに寄って、炉の中に、炭がつがれるのを眺める。火の熾《おこ》りをよくするためである。

「どうぞ、お二人もこちらへ」

と、声をかけられ、吉村さんと監督もおずおずと炉の近くへ寄った。

「今、お炭を拝見しているのよ」

「………」「………」

「お炭を拝見」と言われても、真っ黒い炭の何を拝見しているのか、初めての二人は、目がウロウロ泳いでいる。

炭点前が終わると、吉村さんは、武田先生に、映画化の企画について語り始めた。主菓子《おもがし》が運ばれ、お濃茶《こいちゃ》のお点前が始まったが、みんな、小さく頷きながら吉村さんの話に聴き入っている。話が終わると、

「さ、先に、お菓子を召し上がれ」

「ほら、誰か、お客様に懐紙《かいし》をあげてちょうだい」

「お濃茶の飲み方を教えて差し上げて」

などと、いっせいに、あっちからもこっちからも世話を焼く。

「お味はいかが？」

「あっ、おいしいです」

と、二人とも恐縮したように頭を下げるが、すでに脚に猛烈な痺れが這い上がってきているらしい。そわそわと落ち着かない様子に、

「痺れたでしょ。胡坐《あぐら》でいいのよ。楽になさってね」

と、また声がかかる。二人は、脚を組んだり、天井を見上げて身をよじったりしながらも、勧められるまま、お濃茶を飲み、干菓子《ひがし》が回ってくれば干菓子を食べ、薄茶《うすちゃ》を飲み、

「もう一服いかが」

「あ、いただきます」

と、お代わりをする。

そして、見学の最後に、廊下から庭を眺め、茶碗や茶入れなどの並んでいる水屋《みずや》を覗き、本棚の中に飾られている小さな写真立ての中の着物の女性に目をやった。

「この写真の人は？」

「武田先生の、先生です」

みんなにお礼を言って帰る二人と一緒に、私も稽古場を後にした。

門を出ると、彼らは小さな籠《かご》から解き放たれた鳥のように思い切り両腕を広げ、一本道の向こうに広がっている遠く高い空を見た。空気は冷たいけれど、寒さの切っ先はやや丸く、かすかに春の予感がする。

「あ〜、この抜け感……」

吉村さんがぽそりと呟《つぶや》き、監督も、

「スマホも見ずに、あそこに三時間も座ってたんだな……」

と、ホッとしたような笑顔を吉村さんに向けた。それから、

「おい、大変だ……。茶室が要る。庭も、着物もだ」

「そうですね……」

などと語りながら、肩を並べて歩き始めた。

帰りに立ち寄った喫茶店で少しお話をした。大森監督は、『日日是好日』の中の、

「世の中には、『すぐわかるもの』と、『すぐにはわからないもの』の二種類がある」

という言葉に心を打たれたと言ってくれた。そして、私が本に書いた映画の名を挙げた。

「フェリーニの『道』、僕も好きです」

大森監督はすでに脚本の執筆にかかっていた。

吉村さんは言った。

「映画一本作るのに、だいたい製作費が一億かかります」

「えっ、一億！」

映画の値段というものを、初めて聞いた。

「映画化はかなり難しいんです。でも頑張ります。また、ご連絡します」

そう言って、吉村さんと監督は、赤い灯のともり始めた夕暮れの町に消えていった。

それから一年

そのうち何か連絡が来るのだろうと思っていた……。

土手が菜の花で黄色く染まり、春雷《しゅんらい》が轟《とどろ》き、桜前線が日本列島を北上していった。やがて、開け放された窓の向こうに、庭の新緑がまぶしく輝く季節になった。

立夏《りっか》の頃、稽古場では、季節の模様替えが行われる。囲炉裏のような「炉」は閉じられ、代わりに、お湯を沸かすため、火鉢のような「風炉《ふろ》」が、茶室の隅に置かれる。お釜も炭も、茶碗や柄杓《ひしゃく》に至るまで、すべて夏用に替わった。

夏の茶室に、庭の緑の風が吹き込んだ。

その五月、私は満六十歳になり、お稽古に通い始めて、ちょうど四十年を迎えた……。

稽古場では時々、

「ねえ、そういえば、映画のお話、どうなった?」

と、話題が出た。

「まだ連絡がないんです」

紫陽花《あじさい》が咲き、梅の葉陰で青い実がふくらみ、雨が降り始めた。七月に入ると、梅雨の晴れ間に、稽古場の建具は、障子《しょうじ》からいっせいに葦戸《よしど》に入れ替えられた。葦戸を透かして、うっすらと庭の緑が見え、室内に雨の匂いが流れてきた。梅雨がようやく明けると、夏空から強烈な日差しが照り付けて、ほどなく、稽古は夏休みに入った。

稽古が再開したのは残暑の最中。風に萩《はぎ》の花が揺れ、庭草の間で時おり虫の音が聞こえ始めた。台風がいくつか来て去った。

朝晩、急に寒くなって、木々の葉が黄色や赤に染まる頃、稽古場は「風炉」をしまい、

「炉」を開いて、再び冬のしつらえに戻った。そして、早くも来年一月の「初釜」の話題が出始めた……。

「ところで、映画どうなった？」

「映画って、すごく時間がかかるらしいんですよ」

そう言い訳しながら、私は内心、今回の話も幻に終わるのかもしれないと思い始めていた。編集者の島口さんも、

「あれからもう一年ですからね……。吉村さんのあの熱量で実現しなかったら、正直、この本はもう映画化されない気がしますねぇ」

と、諦めムードの口調になった。

その年も暮れ、平成二十九年が明けた。

一月半ばに「初釜」が行われ、その後片付けも終わった。また、ふだん通りのお稽古の日々に戻った。

そんなある日のこと。外出先で携帯を見て、島口さんから何度も着信があったことに気づいた。電話だけでなく、メールも来ている。余程急ぎの用らしい。

「すみません、気づかなくて」

と、電話をかけると、遠くから叫ぶような島口さんの声が聞こえた。

「映画化、正式決定です！」

「……えっ、ほんと⁉」

「本当なんです。よかったですね！　おめでとうございます」

彼女の声も歓びに浮き立っている。

一瞬、脳裏を「走れメロス」がよぎった。

連絡のなかったこの一年、吉村さんは映画化実現のために東奔西走していたのだ。

ずっと後で、製作委員会の金井隆治プロデューサーが、こんな話を聞かせてくれた。

「吉村さんに説得されて、何軒もハシゴしているうちに、途中からわからなくなりましてね。気が付いたら、午前四時ころ、どこかの路上で、『一緒にやりますね？　やりますね？』と、念を押されてたんですよ」

吉村さんに初めて会った時、サッカー選手のような雰囲気を感じたけれど、彼は大学時代、ラグビー部のキャプテンだったという。体育会系の情熱で、体当たりの説得をしている姿が目に浮かんだ。

すでに主演も決まっていた。

「誰だと思います?」

島口さんは興奮を抑えきれない声だった。

「なんと……黒木《くろき》華《はる》です」

「えーっ!」

一気にボルテージが上がった。映画「小さいおうち」を観て、こんなに着物の似合う女優さんはいないと思った。テレビドラマ「重版出来!」で、元・柔道少女の漫画編集者という役を演じる黒木さんが大好きになった。「映画監督たちが、みんな黒木華を使いたがる」と聞いた。そんな実力派の女優が出演してくれるなんて……。

吉村さんの意気込みを感じた。

話には、まだ続きがあった。

「森下さん、武田先生の役、誰だと思います?」

島口さんは、そこでグッと間を溜めた。

「驚かないでくださいよ。……樹木希林《ききききりん》です!」

幼いころ、「七人の孫」というホームドラマを観ていた。森繁久彌《もりしげひさや》が一家の長で、その家のお手伝いさんを、「悠木千帆《ゆうきちほ》」という人が演じていた。子どもの目にも、一癖も二癖もある、皮肉っぽくて、面白い人だと映った。その人は、のちに「樹木希林」と芸名を変えた。「時間ですよ」「寺内貫太郎一家」でのコミカルな役も忘れられないが、一番好きだったのはNHKの連続テレビ小説「はね駒《こんま》」。女性が働くこと自体が難しかった明治大正期に、女性の新聞記者の草分けとして活躍した主人公を斉藤由貴が演じていた。私は、男社会の片隅で奮闘する主人公を、週刊誌でライターをしている自分に重ねながら見ていた。

そのドラマの中で、主人公の母親を樹木さんが演じていた。樹木さんの何気ないセリフや表情に、毎朝、笑い、泣かされた。「はね駒」はお茶の稽古場でもよく話題になって、武田先生と「お母さん役の樹木希林、いいですねぇ〜」とおしゃべりした覚えがある。

あの樹木さんが出演してくれる……。

あまりのことに、薄い膜一枚隔てた向こう側で起こっているできごとを、膜のこちら側から見ているような気がした。

「主演は黒木華。武田先生役に樹木希林」

このキャスティングは大森監督の希望だったという。黒木華の出演が決まってから、樹木希林への出演交渉が行われた。

吉村プロデューサーは樹木さんと面識がなかった。伝手《つて》を頼って、連絡先を知った。樹木さんには所属事務所がない。マネージャーもいない。すべて自分で仕事の調整をしている。連絡手段は、電話とＦＡＸ。吉村さんは、まず手紙を書き、脚本と原作を送った。しばらくして、樹木さんご本人から電話が来た。

「素晴らしい企画だと思うわ。……でも、この先生の役は、私じゃないと思うの。もっとぴったりな人を一緒に探しましょう」

承諾してはもらえなかったものの、完全に希望を絶たれたわけでもないようなその返事に、吉村さんはかすかな望みをつないだ。それから吉村さんと樹木さんは頻繁に連絡を取り合うようになった。

「誰かいい人、見つかった？」

「いいえ」

電話でアイデアを出し合ったけれど、決定打はなかった。三カ月が過ぎ、ある日、

「脚本と原作を返したい」

と、吉村さんと大森監督は、樹木さんからランチに誘われた。吉村さんは、「これで完全に断られるのだろう」と覚悟していた。

食事の間、樹木さんは仕事の話を一切させてくれなかった。食事が済んで、コーヒーを飲んでいる時のこと、樹木さんが、ひょいと思い出したように言った。

「私、やるわよ」

「…………!」

二人は驚いた。

「ただし、条件が一つあります」と、樹木さんは言った。

「主演は、黒木さんで」

それはもう決まっていると伝えてあった。吉村さんと監督は、樹木さんの気が変わらないうちに、急いで引き上げたという。

のちに、吉村さんは、

「あのランチは、樹木さんの最終面接だったのかもしれない」

と、言った。あと、何本の映画に出るか……。数ある出演オファーの中から、「日日是好日」を選んでくださった時、樹木さんはご自分の体調と、残された時間を慎重に計算していたのではないだろうか……。

映画化決定を知った私は浮かれていた。

「情報解禁日までは内密に」と口止めされていたので、おおっぴらには言えなかったけれど、母に知らせ、父の仏壇に手を合わせ、親友に電話でしゃべりまくり、その週の稽古でさっそく武田先生と稽古場の仲間に発表した。稽古場はわいた。

映画の撮影現場って、どんなだろう。期待がふくらみワクワクした。原作者として一度は、ロケ現場にご挨拶に行って、撮影を見せてもらおう。その時は、やっぱり着物だな。差し入れを持っていこう。差し入れは、和菓子がいいな。そうだ、黒木華さんや樹木希林さんと一緒に記念撮影をしてもらおう……。

その時、私は想像もしていなかったのだ。まさか、自分がスタッフとして、撮影現場に立ち会うことになるなんて……。

史上初！

クランクインは十一月二十日と決まった。その頃から、吉村さんからの連絡や相談が急に増えていった。

「撮影に使う茶道具や掛《か》け軸《じく》なんですが、すべて武田先生からお借りするわけにいかないでしょうか？」

「え、すべて？」

吉村さんは、言いにくそうな表情で、

「はい、丸ごと……すべて……」

と、言った。武田先生は、ふだんのお稽古でも、季節や取り合わせを考え、いつもいいお道具に触らせてくださる。お道具をしまう時、桐箱の底に入っていた領収書の金額が見え、びっくりすることもあった。そう吉村さんに伝えると、

「もちろん美術品の保険をかけさせていただきます」

と、かしこまった。保険をかけたとしても、もし壊れたら二度と同じものは手に入らない……。かといって、撮影のために茶道具や掛け軸を新たに用意することが無理なのはわかっている。

「先生、一生のお願いです！」

私は武田先生の前に両手をついてお願いした。「丸ごとすべて」と聞いて、さすがに武田先生も顔をこわばらせた。「必ず全部、無事にお返しします」と言ったら「当たり前です！」と叱られた。けれど、

「あなたは、うちのどこに何があるか、私より知ってるでしょ。何でもいいから、好きなのを持っていきなさい」

と、おっしゃって、

「いいわよ、その代わり、あとで何かいいもの、おごってもらうからね」

と、ニヤッと笑った。

新たな配役が決まったと、吉村さんからまた報告がきた。

「美智子の役が決まりました。多部未華子《たべみかこ》さんです」

美智子は、主人公・典子と一緒にお茶を習う従姉妹《いとこ》である。

「黒木華と多部未華子って、ありえないような組み合わせなんですよ。二人とも主役を張れる女優じゃないですか。今回の映画のキャスティングは、全部、希望通りになっているんです」

吉村さんの声が明るく弾んでいた。

クランクインに向かって、さまざまなことが動いているようだった。

しかし、大きな問題があった。それは、これが「茶道の映画」だということだった。映画の半分は、稽古場でお点前をするシーンだ。けれど、主演の黒木さんも、先生役の樹木さんも、全くお茶の経験がないという。監督もプロデューサーも、関係者の誰一人、茶道の経験者がいないのだ。

その春、吉村さんは、

「京都の表千家にご挨拶にうかがいます」

と言った。

「本の映画化のご挨拶と経緯をご説明させていただき、応援をお願いしてきます」

「ええっ！」

電話の声で、吉村さんがいつになく固くなっているのを感じたが、吉村さん以上に私の方が緊張した。

表千家不審菴《ふしんあん》の表門の佇《たたず》まいを思い出した。そこは茶道を習う者にとって「聖地」であり、あたりに漂う空気まで違う。

ご挨拶にうかがって、応援をお願いする……。その大胆不敵さに驚きながら、それは彼が映画界の人で、茶道を知らないからできるのだと思った。知らないって、すごい……。

吉村さんはその日、いつもの黒いセーターに黒のジャケットではなく、スーツにネクタイを締め、買ったばかりの靴を履いて出かけたそうだ……。彼は靴ズレを作って帰って来た。そして、その日のことを、後で話してくれた。

吉村さんが訪ねたのは、京都市北区上賀茂《かみがも》にある表千家北山会館だった。約束の時刻の少し前に着き、受付の女性に案内されて通されたのは、整然として塵《ちり》一つない応接室だった。ふかふかの応接ソファーに座って待った。

ドアが開き、若い女性が現れて、目の前のローテーブルに、皿に載った上生菓子《じょうなまがし》が置かれた。どうしたらいいのか……。吉村さんは固まった。やがて、再びさっきの女性が現れて、彼の前にお抹茶を置いていった。

「あの緊張ったら、なかったです」

吉村さんは意を決し、お菓子を食べ、抹茶を飲んだ。

「………」

あたりは水を打ったように静まり返り、誰も現れない。妙に長い沈黙に、吉村さんは(何か間違っていたのかもしれない)と不安になった。

先にお菓子を食べるべきだったのか？

それとも、お茶の飲み方がいけなかったのか？

広報の人の姿が見えるまで、吉村さんは気が気でなかったらしいが、無事、お話ができたという。

「お家元も、この本が出た頃に読んでくださったそうで、映画化を応援してくださるそうです」

私はそれを聞いて、驚き、感激した。

「……ただですね、前例がないそうなんです」

「前例？」

「今まで、『利休にたずねよ』や『利休』などの茶道の映画はあったけれど、それはすべて利休の出てくる時代劇で、現代の、町の一般のお稽古場が舞台という映画は前例がないというんです」

言われてみれば確かにそうだ。現代劇での茶道シーンと言えば、二時間ドラマのサスペンスものに、ちょっとある程度だ。

「つまり、これは、史上初の現代劇のお茶の映画になる、ということです……」

「史上初……」

「そうです」

吉村さんは、表千家でそれを聞いて驚いた。私はそれ以上に動揺した。

「史上初の現代劇のお茶の映画」を、お茶の経験のない人たちが作ろうとしているのだ。

……映画化決定に浮かれていた気分はいっぺんにすっ飛び、歴史と伝統の重圧を感じた。

女優さんたちは、撮影までにどこかでお茶の稽古をするのだろう。だけど、監督もスタッフも、誰もお茶を知らない。それでお茶の映画ができるのだろうか……。


「打ち合わせをしたい」と、呼び出されたのは五月の終わりだった。

監督の脚本を、監督、吉村さん、他のプロデューサーたちと囲み、その席で、稽古シーンについていて質問された。

「○ページの○行目にある『蓋置《ふたおき》』って、なんですか？」

「お釜の蓋を置く台です。竹のと、焼き物のがあります」

「高さは、どのくらい？」

「うーん、五センチくらいかしら」

「柄杓《ひしやく》を構えるって、何ですか？」

「柄杓の合《ごう》を上にして……」

「ゴウ？」

「柄杓のお湯を汲むコップの部分です。その合を上にして、柄《え》を左の膝頭《ひざがしら》に斜めに持つの」

「う～ん、よくわからないなぁ。……それから、『膝を回して、四十五度斜めに座る』って？」

「座る向きを変えるんです。炉だから」

「……ろ？」

「そう、炉です。冬は畳に四角い穴があくの」

「えっ、畳に穴、ですか？」

「………」

説明しても追いつかない。言葉が通じないのだ。この人たちは、道具を見たこともない。

「茶杓《ちゃしゃく》」と「柄杓《ひしゃく》」の違いもわからない。撮影まであと五カ月。どうしよう……。

私は、口をパクパクさせている酸欠の金魚になった気がした。

この不安をわかってくれる人が、ここにはいない。怖いのは、彼らには自分たちの無謀さがわかっていないことだった。

これでは、赤ん坊が真剣勝負の場に出るようなものだ。なんとかせねばならない。せめて小さな手がかりになる武器だけでも持たせてあげなければ……。

そして、一つの言葉が口から出た。

「監督、お稽古しませんか？」

「え？」

みんなの視線がいっせいにこちらに向いた。

「私がお教えします。せめて、基本のお点前だけでも。道具の名前だけでもわかった方がいいと思います」

監督は腕を組み、両目をギュッと絞るように閉じて考えていたが、

「……やっぱり、やらなきゃダメだな」

とつぶやき、

「よしっ、稽古しましょう！」

と、私をチラッと見た。

第二章　大森組茶道教室

初稽古

撮影のためのお茶の稽古が始まったのは、クランクインを四カ月後に控えた平成二十九年七月だった。

「うちのお茶室をお使いなさい」

と、協力を申し出てくれたのは、お稽古仲間の鳥海《とりうみ》さんだった。鳥海さんは八十歳。中学校の家庭科教師を勤めあげた後、横浜の静かな郊外にある自宅の純日本家屋でお弟子さんにお茶を教えながら、週に一度、自分も武田先生のお教室にお稽古に通っている。世話好きな人で、監督と吉村さんが武田先生の家に見学に来られた時も、何かと段取りし、面倒を見てくれた。

初めての稽古の日、鳥海さんのお宅に、バスやタクシーで集まってきたのは大森監督、吉村さん、そして、もう一人のプロデューサー、近藤貴彦さんである。

近藤プロデューサーは、大学時代から、8ミリ同好会で大森監督と一緒に映画を作ってきた仲間で、その当時、大森監督は俳優としても活動していたという。シャイで、人とあまり目を合わさない大森監督とは正反対に、近藤さんはまわりをよく笑わせ、人当たりも柔らかい。そして、眼鏡の奥から、人をじっと見ている。

三人の男たちは、まるで旅先の旅館にでも来たように、茶室の青畳《あおだたみ》、大きな床《とこ》の間《ま》、葦《よし》戸《ど》、その向こうに広がる茶庭《ちゃにわ》とつくばいの景色などを、ぶらぶらしながら眺めている。

……たぶん彼らは、いつか自分が「茶道」を習う日が来るなんて、想像したこともなかっただろう。だけど、映画作りのために、はからずもお茶の稽古をすることになったのだ。

実は、私もお茶を教えるのは初めてだった。武田先生からは事あるごとに、

「あなたも教えてごらんなさい。人に教えて初めて、真剣に勉強するようになるものよ」

と、強く勧められていたけれど、教えるという責任ある立場からずっと逃げ続けてきた。だけど今回は、お茶の経験のない人たちが、お茶の映画を作るという事態を前にして、やむにやまれず、教えることを申し出た。

人に教えたことがない私にできるのは、四十年前、初めて武田先生のお稽古場にうかがった時、先生が私におっしゃったことを、できる限りそのまま再現することだった。そし

て、それはやがて、映画「日日是好日」の最初のお稽古シーンになった……。

「これをお使いください」

八畳の座敷に、所在なげに座っている男たちの前に、用意した扇子と帛紗《ふくさ》の箱を並べて置いた。帛紗とは、道具を清めるのに使う絹の四角い布で、二枚重ねに縫い合わされている。

お茶の作法は男女でところどころ異なる。帛紗の色も女性は朱色、男性は紫だ。けれど、私は男性の作法を知らないし、映画でお点前をするのは女性だけなので、「お教えするのは女性のお点前ですが、いいですね」と伝えてある。

彼らは箱を開けて、鮮やかな朱色の帛紗を、不思議なものでも見るような面持ちで眺めていた。それから、扇子を広げ、いっせいにパタパタ煽《あお》ぎ始めた。

「その扇子は、煽ぐものではありません。ご挨拶の時、膝前に置くもので、いわば結界です」

彼らは急いで扇子を閉じた。

二十歳の時、私と従姉妹がしたのとまったく同じことを四十代の男たちがし、あの頃、武田先生が言ったのと同じことを私が言っていた……。

「では、『席入り《せきいり》』の稽古をします」

席入りとは、客が一人ずつ茶室の入り口から入って、亭主が床の間に掛けた軸や花、そしてお釜や道具を拝見し、自分の席に着くまでの作法で、もうここから、戸の開け方、入り方、歩き方、拝見の仕方などの作法が始まる。

「席入りの前に、つくばいで手と口を浄《きよ》めます」

私は、つくばいの水を柄杓《ひしゃく》で汲み、手を浄め、口をすすぐ手順を見せた。

「さ、お一人ずつ、なさってください」

誰しも一番手は避けたい。三人は、先頭に押し出されまいと、狭い廊下でわさわさ小競り合いしたが、結局、監督が一番手になり、次が吉村さん、そして近藤さんの順でつくばいを使った。

「では、『席入り』です。先頭の方、どうぞ」

気が付くと、いつの間にかさっきの順が反転して、最後尾にいたはずの近藤さんが、入り口に最も近い場所にいた。

「えっ！」

近藤さんは動転し、慌てて後ろに回り込もうとするが、「いやいや」「近藤さん、どうぞどうぞ」と、吉村さんと監督に押し返され、未知の世界に押し出されるように茶道口に座った。

「扇子を膝前に置いて、お席に軽く一礼します。……それから、扇子を右手に握り込んだまま、にじって席に入ります」

「……に、にじる？」

「両手を畳に突いて、軽く腰を浮かせるようにして、一膝前に出ます」

近藤さんは両腕を思いきり前の方に突いたかと思うと、床運動のように勢いよくザーッと前に滑り出た。

「畳のこの縁《へり》の角から、床の間の前まで歩いてください。左足から入ります」

近藤さんは、棒を飲んだように立ちすくみ、一瞬、左の手と足を両方いっぺんに出しそうになり、それから、沼から引き抜くように、そーっと左足を持ち上げた。

「畳の縁は絶対踏まないでね。畳一帖を六歩で歩きます」

すると、持ち上げた左足が宙でピタッと止まった。どこへ降ろしたらいいのか、靴下の先が宙を泳ぐ……。

廊下で吉村さんがこらえきれずに「うぅっ」と声を出し、大森監督も肩を震わせていた。

一歩目を思いきり大股で踏み出した近藤さんは、二歩目から急に小股で、ちょこちょこ歩いて行った。

近藤さんの硬直ぶりを見て、吉村さんも大森監督もぐっと気が楽になったのだろう。自分の番がくると、神妙な面持ちで、一歩一歩数えながら席入りをこなした。

「それでは、今日は、帛紗の扱い方をお教えします。新しい帛紗は一度折り方を間違えると、悪い癖がついて扱いにくくなりますから、正しく覚えてくださいね」

「はいっ」

男三人が真面目に頷《うなず》く。

「左から右へ二つ折り……下から上へ二つ折り……、そしたら手に取って二つ折り……」

これも昔、武田先生に教えられたままだ。

やがて、三人の左腰のズボンのベルトに、三角に折った帛紗が下げられた。

「ここから、『帛紗さばき』です。……右手は膝に置いたまま、左手で帛紗を折り上げて抜き取ります……」

みんな、私の手元を横目でチラチラ見ながら同じことをする。

「帛紗の両端を持って、ちょっと緩《ゆる》めてから、軽く一つ打ちます」

ポン！　と、絹の音がした。

「これを『塵打《ちりう》ち』と言います」

三人もさっそく、逆三角形の帛紗の両端を引っ張ってみる。最初は音がしないが、やがて、パン！　と、あちこちで音が立ち始めると、男たちは「おっ」「鳴った！」と嬉しそうな顔になる。

この日は、帛紗さばきを稽古した後、私の点前で薄茶を一服ずつご馳走することになった。水屋からお菓子を持って稽古場に戻ってみると、男三人が帛紗を引っ張ったり、畳んだり、おさらいしている……。その様子がなんだか瑞々《みずみず》しく、微笑ましい。


稽古は、二週間に一度のペースになった。

二回目は、「割り稽古」である。「茶巾《ちゃきん》」の畳み方、「茶碗の拭き方」「茶筅通《ちゃせんとお》し」「茶器と茶杓《ちゃしゃく》の拭き方」など、お点前の部分部分を練習する。

そして、三回目から、いよいよ「お点前」を通しで稽古した。

「では、監督から、どうぞ」

「……はいっ」

大森監督は覚悟を決めた様子で、水指《みずさし》を膝前に置き、茶道口に座った。

「水指を持つときは、両手の指を揃えて持ちます。小指の腹が畳につくくらいの位置でね。お茶では、『重いものは軽々と、軽いものは重々しく』持ちます。では、左足で敷居を越えます。水指は胸の高さ。あまり肘をはらない。両脇に卵を一個挟んだようなつもりで持ってください。水指は水平。お水がぽちゃぽちゃ跳ねないようにね」

今度は、右手に抹茶の入った棗《なつめ》、左手には茶巾と茶杓を仕組んだ茶碗を持って出る。

「棗も茶碗も、もう少し高く。同じ高さなんですが、棗の方が気持ち高いくらいに持ちますよ」

「建水《けんすい》を持って歩く時は、手に持ったまままっすぐ下におろします。これを『手なりに持つ』と言います」

「左手で柄杓を取って、左膝の上でこのように持ちます。これを『構える』と言います」

「お湯の表面はすくわないの。『中水《なかみず》、底湯《そこゆ》』と言って、水は水指の真ん中あたり、お湯はお釜の底から汲むんです」

手順の中に、茶道の用語や独特の言い回しがたくさん出てくる。

茶筅通《ちゃせんとお》しが終わり、茶碗を二回まわして湯で温め、その湯を「建水」にあける。茶碗の縁に残った雫《しずく》の一滴を、監督は茶碗を振って切った。

「あ、それしないの……。お茶碗を振らないで、雫が落ちるのを待つの」

茶碗を茶巾で拭いたら、茶碗にお茶を入れる。棗の蓋を開け、右手の茶杓で左手に持った棗から抹茶を掬《すく》う。

「薄茶は一杓半よ。あ……棗の中を乱さないで。お抹茶のこんもりした遠山の景色を壊さないように、茶杓で向こう側から手前へそっと掬って、お茶碗に入れます」

何から何まで型があり、いちいち細かく注意される。やってみるまで彼らは想像もしなかっただろう……。一服の茶を点てる。たったそれだけのことに、こんなにも無数の細かい意識を向けなければならないことを。

ようやく一服目の茶を客に差し出すまでの道のりの、何と長いことか……。その間、正座した脚に、全体重がかかっている。

「監督、足、大丈夫ですか？」

最初は「大丈夫です」と、頑張っていたが、やがて、

「……ダメですっ」

監督は天を仰ぎ、痺れに悶《もだ》えた。しばし休憩し、気を取り直して点前に戻る。

客が茶を飲み終え、道具を清めてしまい付け、建水を持って、立ち上がろうとした時、

「立てますか？」

「ダメです」

足の感覚が戻ってくるには、しばし時間がかかった。

やっと立ち上がって、建水と柄杓を手に、出口に向かう監督の背に向かって、私は追い打ちをかけるように言った。

「最初と同じように、建水はまっすぐ下に。『手なり』ですよ。柄《え》を握り込んだ柄杓は、もっと上。柄杓の合《ごう》から滴った水が建水の中に落ちるように持ちますよ」

それらは四十年前、武田先生に注意されたことだった。一番最初のお点前の最後が、一番つらかったのを覚えている。

お客様に一礼し、襖を閉めきった直後、襖の向こうで監督の声がした。

「あぁ～、今日は一番きつかった……」

それから、吉村さん、近藤さんと、ひとりずつお点前の稽古をつけた。一点前終わるたびに、廊下で「あーっ」とか「う～」とか、うめき声がした。

いちいち細かく注意される。足は痺れる。……三人はきついきついと言いながらも、

「通しで稽古をしたら、お点前の見え方が変わってきた！」

「なんか、変わってきたな」

と、生き生きしている。

「茶の湯は、戦国武将のたしなみでしたからね。もともと男性のものなんですよ」

と、鳥海さんが話すと、

「……お茶、やろうか」

と、男同士、冗談めかして顔を見合わせるが、まんざらでもなさそうな表情だ。

四十代にもなれば、誰しも「初めての経験」はあらかた終わり、子どもの頃、知らない世界に飛び込んだ時の気持ちなどとうに忘れてしまっている。だからこそ、未知の何かを習う時、大人はキラキラした歓びや楽しさを再発見するのかもしれない。

彼らの表情に、私もわくわくした。


生徒三人で始まった稽古に、回を重ねるたび新メンバーが参加するようになった。助監督、美術、装飾、製作会社や配給会社の人たち。そこに編集者も加わって、ついには十人

以上の集団になった。

後から稽古に合流した助監督が、みんなの前で顔を真っ赤にしながら、畳の上を抜き足、差し足、歩く姿を、監督が嬉しそうにからかう。その表情に、「先輩」の優越感が見えるのも、かわいい。

人数が増えても、お茶室の主である鳥海さんは、嫌な顔一つせず、毎回、食事まで作ってくださった。中学の教師時代、たくさんの生徒に囲まれていたからなのか、「この程度の人数なら、なんでもない」と言ってくれる。午前から始まった稽古が午後まで続き、シーンとした茶室で、誰かのお腹が鳴るのが聞こえてくる頃、台所の方からいい匂いが流れてきた。

「あっ、カレーだ！」

稽古が済むと、座敷にみんなで座卓を運び込み、そこにずらっと料理が並んでまるで夏合宿のようだ。

秘密の特訓

その頃、都内某所でも、ひそかにお点前の特訓をしている人がいた。

樹木希林さんである。樹木さんは、数年前から交流があった観世《かんぜ》あすかさんの門を叩いていた。

「あなた、お茶やってたわよね。何流？……それじゃ、私に教えてよ。今度、映画でお茶の先生の役をするの」

観世さんは、きものや日本の伝統文化に造詣が深く、お祖母《ばあ》さまは表千家のお茶の先生でいらしたそうだ。

だが、樹木さんと観世さんの秘密の特訓を私たちが知るのは、ずっと後になってからだった。

樹木さんから、吉村さんを通じて私に、「武田先生のバックボーンを知りたい」というリクエストがきた。武田先生ご本人に直接会えば早い……と思うのだけれど、樹木さんは、「直接会うと、真似しちゃうから、会わないことにしている」そうで、「原作に書いてあること以外の、武田先生らしいエピソードが知りたい」というご希望だった。

私は、知っている限りの武田先生のエピソードをメモに書き、吉村さんに託した。

先生は、見かけは柔和だけれど、腹の据わったところがあって、思ったことをズバッと口にするので、弟子の私たちが、お茶会などでヒヤヒヤすること。権威に敬意は表するけれど、おもねることは大嫌いで、反骨精神があること。お酒もけっこう強いこと。実は、株を運用していること。口癖や、好きな言い回し……。

樹木さんはそのメモを読んで、

「ほらほら、面白いわよ、この人」

と、笑っていたと、後で吉村さんから聞いた。

樹木さんと武田先生は、似ているわけではなかった。けれど、どこかに共通するものがあった……。樹木さんは神田で生まれた。中学生のころ横浜の井土ケ谷《いどがや》に引っ越し、結婚するまで横浜で暮らしていたという。横浜の野毛《のげ》には、樹木さんの母親が経営する大衆居酒屋があって、店の周辺が遊び場だった。そこで客や雇い人など、たくさんの人間模様を見た。野毛の人間臭さが、人を感じる感性を磨いたと、新聞のインタビュー記事で読んだことがある。

武田先生も横浜の吉野町で生まれ育った。樹木さんの住んでいた井土ヶ谷と吉野町はすぐ近く。樹木さんと武田先生には、同じ町の匂いがした。

無謀と純粋

お茶の稽古は、夏から数えて九回になった。真夏には、床の間に「瀧」の掛け軸が掛かっていたが、秋になると、花入れに萩の花が枝垂《しだ》れ、「清風萬里秋」という掛け軸に変わった。

大森監督は、他の映画の撮影で一ヵ月ほど地方に行っていたが、撮影が終わって戻ってくると、稽古にやって来て、床の間の前に座り、軸をじっと見た。

「これ、なんて読むんですか？」

「せいふう、ばんりのあき」

「ああ、これが清風萬里秋か……」

と、呟く。

「監督、お点前しますか？」

「はいっ」

久しぶりなのに、監督はちゃんとお点前を覚えていた。柄杓を構える姿も、釜から湯を汲む姿も、どっしりと落ち着いている。

「監督、もしかして、練習しました？」

「えっ、してませんけど」

「……いい感じですよ」

そう褒《ほ》めた途端、こわもての顔に、パーッと子どもみたいな笑みが広がるのを見た。稽古が終わった後も、

「よ～し、なんか楽しくなってきたぞぉ」

と、張り切っている。

十月に入ると、稽古の後で、監督、助監督、プロデューサーたちと、場面ごとの道具の配置や、登場人物の座る位置の確認が始まった。

ところが、これが途方もないことの連続だった。たった今、「風炉《ふろ》」の薄茶をしたばかりなのに、

「では、今度は『炉』の薄茶をやってください」

と、ケロッとした顔で助監督が言う。

「えっ……」

私は絶句し、稽古場の主である鳥海さんと、思わず顔を見合わせた。彼らは「風炉」と「炉」を、スイッチ一つで切り替えられると思っているのだろうか……。炉を開くには、畳を上げなければならないのだ。畳の下の、炉壇《ろだん》という深い穴の中に大量の灰を入れて型を整え、五徳《ごとく》を据《す》えて調節し、炭も冬用に替え……という大がかりな作業なのである。

私と鳥海さんが茫然としているのを、大森監督もプロデューサーも助監督もきょとんとした顔で見ている。

「おにいさん……、知らないってことは、強いねえ！」

鳥海さんは呆《あき》れてため息をついた。それでも、「仕方ない」と言いながら、手鉤《てかぎ》を持って来て炉蓋畳《ろぶただたみ》を上げ、畳の下の木の蓋《ふた》を開けてくれた。彼らはまるで子どもが洞窟をのぞきこむみたいに、畳の下から現れた四角く深い穴を見て、

「へー、こうなってるのか！」

などと感心している。鳥海さんは、

「とりあえず、簡単にだからね。本当はちゃんと時間をかけて、もっときれいに準備するのよ」

と、何度も言いながら、大急ぎで炉の中に灰を入れ、五徳を据え、炭火を入れてくれた。

彼らは、炉の中で赤々と燃える炭火を「へぇ〜、きれいだな」などと、感心して眺め、監督は「おい、これ撮っとけ」と、命令している。

無謀で厄介だけれど、彼らは一生懸命だった。その純粋さが憎めない。

彼らに「炉」「風炉」の違いがわからないのも無理はない。私たちが長年、稽古に通って体で馴染《なじ》んだ茶道の季節のめぐりを、彼らはたった二、三カ月で覚えなければならないのだ。

助監督の森井勇佑《ゆうすけ》さんは三十代。色白で眼鏡をかけ、ひょろりとした体に斜め鞄を掛けている。その姿は予備校生みたいで、どこか子犬のような無垢《むく》な感じがするが、森井さんが一点を見つめてじっと考え事をしている表情には、棋士のような明晰《めいせき》さを感じる。

同じく助監督の萬代健士《ばんだいけんじ》さんは二十代。大森監督の助手になって、まだ数年らしい。戦隊ヒーローが似合いそうなハンサムな若者で、笑うとまだ少年っぽい。

森井さんも萬代さんも、大森監督の下で仕事をしながら、やがてメガホンをとる日を目指しているのだろう。

この二人は、大森監督から、

「お前たちは、お茶をマスターしろ」

と、これまた無茶な命令を受けていた。彼らは分厚い茶道の教本をいつも抱え、そのページに、付箋《ふせん》が束のように貼り付けられていた。

「これ、全部読んだの？」

と、萬代青年に訊いた。

「はい。僕らは時間がないですから、本を読んで覚えるしかありません」

彼らは猛勉強していた……。

私もスタッフ？

「森下さん、撮影期間中、現場にずっと立ち会ってもらえませんか？」

吉村さんからそう言われたのは、稽古を始めて間もない頃だった。

「稽古場のシーンを撮る時、カットがかかるたびに、それがOKかどうか、誰かが判断しなくてはならないんです。僕たちには判断できません。お茶がわかる人が現場にいてくれないと……」

それは、原作者の撮影見学ではなかった。撮影現場で、一つ一つの稽古場面をチェックしOKを出すということは、この映画の茶道のシーンについて、私が責任を持つことになる。

「絶対いやです。それは無理です」

と、即座に断った。

道具の名前も知らないままでは困るだろうと、基本のお点前を教えた。武田先生のお道具をお借りして、実際の稽古を再現できることになった。そういう協力はしたけれど、茶道のシーンの責任を背負わされるのは困る。

この映画は茶道のお点前を教えるための映画ではないけれど、現代劇として初のお茶の映画ということになれば、茶道の先生や、稽古に通っている人たちが大勢観てくださることになるかもしれない。お点前やしつらえ、お道具の組み合わせ、床の間の花や掛け軸、お菓子の季節感、水屋や茶庭が、大勢のお茶人の目にさらされることになる。

間違いのない完全なチェックが私にできるのか？　想像しただけで怖かった。

何かあったら、私に苦情が来るだけでは済まされない。武田先生にも迷惑がかかるだろう。先生を巻き込むことになる。

その場で固くお断りして、私はその話題から遠ざかった。あとは、私の知らないことだ。

吉村プロデューサーが、誰かいいお茶の先生を探してお願いしてくれればいいのだと思っていた。

ところが、クランクインが近づいて来たある日、「ご相談したいことがあります」と、吉村さんと近藤さんがやってきた。駅前の小さな喫茶店で、目の前にプロデューサー二人が並んで座った時、何だか、逃げ道を塞がれているような気がした。

「森下さんに撮影現場の立ち会いをどうしてもお願いしたいんです」

「前にも申し上げた通り、それは絶対できません。第一、私にも仕事があります。高齢の母もいます。母の世話や家事は誰がするんですか」

私は突っぱねた。しかし、二人は、

「同じ流派でも、お稽古場によってお点前は少しずつ違うと聞いています。武田先生のお教室の個性を大切にするためにも、森下さんにお願いしたいんです」

「森下さんがしてくださったら、僕らは何の問題もありません」

と、畳みかけてくる。

「あなた方は、お茶にどれほど細かい決まり事があるか知らないから、そんなことを言うのよ。私にはとてもできません！」

「それでは、こうしませんか？　撮影前にワンシーンずつ、お点前もお道具もお花もお菓子も全部決めて、事前に間違いないか確認するんです。それなら大丈夫でしょう」

と、吉村さんが言った。

「そんなに簡単じゃないんです！　手順から小さな道具の扱いまで、数えきれないほど決まりがあるんです。それをすべて漏《も》らさずチェックできる自信なんかありません。間違ったまま映画になったら、どうします。誰が責任持つんです」

「責任は僕たちも……」

と、近藤さんは言いかけたが、「持ちます」という語尾が小さく消え入った。

そうなのだ。彼らは茶道に責任が持てない。それはわかっている。誰かがしなければならないのだ。

「お願いします！」

「お願いします！」

二人並んで、私が承知するまで、こうして押し続ける気なのだ。

怒りと怖さで、ワッと泣きたいような気持ちになった。

互いに散々、押し問答を続け、結局、私は押し切られた。

「わかりました……」

と、首をうなだれた途端、二人のプロデューサーは「ありがとうございます！」と、頭を下げ、ほっとした顔つきになった。

私の両肩にずっしりと重いものがのしかかってきた。

引き受けるしかなかった……。けれど、私には荷の重すぎる仕事だった。そもそも、私は人前に立つのが得手《えて》ではない。あれこれ迷うタイプだから、現場で判断するなんて最も不向きだった。一人で、あーでもない、こーでもないと悩みながら文章に向き合うのが性に合っているのだ。

悶々としながら、水曜日、稽古に行った。武田先生に相談したかった。

「先生、映画の撮影現場に立ち会って、茶道指導の役目をすることになってしまいました。お茶の稽古がたくさん出てくる映画です。全国の先生方もきっとご覧になるでしょう。間違いがあったら、クレームが来るかもしれません。そう思うと自信がありません」

するとと先生は、

「あのね、人にとやかく言われるのが嫌だったら、何もしないのが一番なの。何かすれば、文句をつける人は必ずいるものよ。……もし、『あのお点前は変だ』と言われたらね、『うちの先生がこうやってました』って言えばいいの。それだけのことよ」

と、微笑んだ。

ああ、先生らしいな……と思う。先生の肝の据わった言葉を聞いて、縮こまっていた心が、一つ、ほぐれた。先生はいつも、がんじがらめになった心を、ふわっと軽くしてくれる。

そうだ。全力を尽くしても、力及ばないことはある。それは仕方のないことなのだ。それに、失敗したとしても、命まで取られるわけではない……。そんな気持ちで臨もうと腹を決めた。

原稿は、前もって書けるものは書き、どうしても無理なものはお断りすることにした。母の世話や家事は、叔母に協力を頼むことにした。

樹木さんとの初対面

樹木さんとの初対面は、十月半ばのことだった。場所は、都内の瀟洒《しょうしゃ》なホテルの中にある静かなお茶室。その出会いは、まるでテレビドラマの画面の中から、樹木さんがつるりと抜け出て、目の前に現れたようだった。予定より少し遅れた樹木さんは、大島紬《つむぎ》に渋め

の帯という姿で、出迎えた吉村さんに「まあまあ！」と話しかけながら茶室に入ってきたが、私の顔を見るなり、

「あっ、やっぱり！」

と、ポンと一つ、手を打った。

（「やっぱり」って、何だろう……）

聞いてみたかったが、たずねそびれたまま、聞けず終いになってしまった。

何年か前、「全身がん」という衝撃的な公表をしたのに、その時の樹木さんは、まるであの公表が嘘だったみたいに血色も良く、闊達《かったつ》だった。挨拶もそこそこに、

「先生、ちょっと」

と、私の手を引き、部屋の隅に連れて行く。私は、「先生」なんて呼ばれ慣れていないので居心地が悪く、体の中で小さな虫がムズムズ動く。

「あの、『先生』じゃなく……」

「だって先生だもの」

と、樹木さんは取り合ってくれない。その場に正座し、

「先生、見ててくださいね」

と、手提げかばんの脇のポケットから朱色の帛紗《ふくさ》を取り出して、帛紗の角を取って三角にし、両端を向こうに折り返して、さっと帯の左脇に下げた。

その手の動きを見た瞬間、アッと思った。

帛紗を下から折り返すようにして帯から抜き取り、右手で角をとって帛紗を三角に広げ、両端を軽く折って、ポンと塵《ちり》を打つ。それから帛紗を縦にし、指で屏風《びょうぶ》のように三つ折りし、それを二つに折って、さらに折り返す……。細く白い指が、まるで生きもののようにしなやかに動いた。

(できている……!)

一緒にその手元を見ていた吉村さんが息を呑んだ気配で、私と同じことを感じたのがわかった。

樹木さんが「秘密の特訓」を受けていたことを、私たちはその日初めて知った。樹木さん本人から、「お茶を教えて」と頼まれた観世さんは、自ら改めてお茶のお点前を習い直して、樹木さんに特訓してくださったそうだ。

樹木さんは自宅でも、茶道のＤＶＤを使って自習していた。ＤＶＤは、冒頭にお家元のご挨拶があり、実技のお点前が始まるものだった。

「それがね、『あっ、今のところ、もう一度見たい』と思って、ちょっと前に戻そうと思うんだけど、うちの機械が古いせいなのかしら、ちょっと前には戻せないの。初めからもう一回見なくちゃならないのよ。またお家元のご挨拶から始まるの。で、またお点前のところで、『あ、今のところ、もう一回』と思うでしょ。そのたびに、初めから見なくちゃならない。私、お家元のご挨拶を何回も聞いて、すっかり覚えちゃったわ」

と言って、樹木さんはふふふと笑った。

それから樹木さんは、私の着ていた小紋《こもん》の着物をじーっと眺め、

「ほんとは私、今度の映画では自前の着物を着ようと思っていたのよ。でも、私の着物は、みんなちょっと外連《けれん》があるのよね」

外連とは、歌舞伎など演劇の言葉で、観客の目を驚かす演出のことだ。私は、以前雑誌のグラビアで見た映画賞の授賞式での樹木さんの衣装を思い出した。それは、大向こうを驚かす、奇抜な着物だった。あれは、樹木さんしか着こなせない……。

けれど、茶人の着物として好まれるのは、派手過ぎず、地味過ぎず、奇をてらわない、オーソドックスなものだ。お茶会のたびに、数えきれないほどの着物姿を見てきたけれど、「色無地の一《ひと》つ紋《もん》に、格の高い袋帯《ふくろおび》」これが、茶人の礼装のスタンダードである。

樹木さんは、どうするつもりだろう……。

「先生、お点前見せてください」

樹木さんは、サラッと言った。

「……はい」

大女優の前で、お薄点前をすることになった。水屋に入って支度をし、茶道口を開け、一礼して顔を上げた瞬間、樹木さんの刃《やいば》のような視線にギクリとして、身が締まった。点前を見ながら、樹木さんは手帳に猛烈な勢いで何か書き飛ばしていく。

煮えの付いた釜が「しーー」と鳴っている。その静かな「松風」と、茶筅を振るシャシャシャという音の向こうに、激しく鉛筆を走らせる音と、勢いよく手帳のページをめくる音が聞こえていた。

樹木さんは、どうやらお抹茶の味が好きではないらしい。目の前に置かれた薄茶を、「私はいらないから、どうぞ」と、隣に譲《ゆず》った。

そして、今度は、

「ねえ、濃茶《こいちゃ》ってどんなの？　見せて」

樹木さんは、またサラリと言った。

「はい」

私は、再び水屋に入って支度をし、濃茶の点前にかかった。

同じ抹茶でも、濃茶と薄茶は種類が違う。濃茶は文字通り、濃く練るもので、味に深みとコクがある。茶入れは陶器で、仕覆《しふく》という袋を着せて大切に扱う。だから、薄茶に比べてお点前が複雑で、使う抹茶の分量も多い。

「えっ！　そんなにお茶入れるの？」

と、樹木さんは目を丸くした。

「今、死ぬほど入れたわよね……」

よく練って、とろりとした濃茶を差し出すと、樹木さんは沼でも見るように気味悪そうに覗き込んで、

「これ、飲めるの？」

と、顔をしかめ、「私は結構」と、また隣に譲った。

樹木さんは吉村プロデューサーに言った。

「あなた、えらいもんに手え出したわねぇ。これは大変。私、えらいもん引き受けちゃったわ〜」

そして、きっぱりと宣言した。

「お茶の心を理解するところから役を作ることは諦めました。演技としてお点前を覚えます。稽古はしません。直前に集中して覚えます。そうしないと忘れちゃうから」

それから樹木さんは、

「私、さっき出がけに、おにぎり握ってきたのよ」

と言うと、いきなり茶室に風呂敷を広げた。そして、ラップに包んだ玄米おにぎりとプラスチック容器を取り出して並べ、

「ほら、みんないらっしゃいよ」

と、プロデューサーや監督にも手招きする。みんなで、茶室で車座になってピクニックのように樹木さんの玄米おにぎりをいただくことになった。

おにぎりの具は、昆布の佃煮《つくだに》。プラスチック容器の中には、コンニャクと里芋と鶏肉の筑前煮、それから、ほどよく漬かったキュウリのお漬物。どれもよく味がしみて、おいしかった。

樹木さんはホテルの前に停めてあったクラシックカーみたいな愛車に乗ると、

「先生、送ってあげるから、お乗りなさいよ」

と、声をかけてくださった。

「これから、みなさんと打ち合わせなんです」

と言うと、

「黙って言う事聞いてると、便利に使われるわよ。気をつけてね」

と、手を振り、颯爽《さつそう》とハンドルを切り、走り去った。

映画の町

横浜にある一軒の家で、夏から工事が始まっていた……。

実は、樹木さんは、出演を承諾してくれた日、吉村さんと大森監督に、

「知り合いの空き家が一軒あるから使っていいわよ」

と、なんと家を一軒、提供してくれたのだ。そこをお茶室に改造するなり、「自由に使っていい」という。願ってもない太っ腹な提案に、吉村さんと監督は大いに喜んだ。

そこは住宅街の中の、広々とした芝生の庭のある古い木造の一軒家だった。

吉村プロデューサーは、映画美術の第一人者、原田満生《みつお》さんに美術を依頼した。

「ここに茶室を作ってもいいそうです」

と、吉村さんが言うと、

「吉村、やっていいんだな?」

と、原田さんは言ったそうだ。

鳥海さんの家でのお稽古に、ある時、ハンチング帽をかぶった、電柱のように長身で細身の青年がやってきた。玄関に彼が脱いだ大きな靴を見て、鳥海さんがびっくりし、そーっとその大きな靴の中に、自分の足を差し入れてみたら、靴の前半分にすっぽり入ったという。

青年は口数少なく繊細で、どこか芸術家の匂いがした。名は、堀明《ほりめ》元紀《げんき》さん。美術監督、原田さんの弟子である。堀明さんは、お茶室、水屋、庭、つくばいなどを見て、家のあちこちを「〇尺《しゃく》〇寸《すん》」と、昔の尺寸法で採寸しまわって帰って行った……。

ある日、打ち合わせで吉村さんに会うと、いつもと様子が違っていた。表情が重く、心ここにあらずという目をしている。

「えらいことになりました……」

「どうしました?」

「セットのデザインができてきたんですが……すごいことになってます」

どうやら、「吉村、やっていいんだな？」という原田さんの言葉通り、やってくれたらしい。費用が予想をかなり超えたようだ。その時から、吉村さんはいつも背中に、何か重たいものを背負っているように見えた。

「セットがだいたいできました。見に来てください」

近藤プロデューサーから連絡が来て、私がその家に行ったのは、クランクインも近づいてきた日の夕方だった。

京浜急行の井土ヶ谷駅から歩いて十分。そこは横浜市南区なのに、歩いていくうちに、道の途中から、なぜか住居表示がここにあるはずのない「神奈川区」に変わった。

そこからが映画の世界だった……。

住宅街の中の細い路地に沿って長い塀《へい》が続き、その向こうに木々の繁《しげ》る庭が見える。その庭の向こうに古い大きな家がある。

門柱《もんちゅう》脇には「武田」の表札があって、ポストの脇に「表千家茶道教室」の看板が掛けられ、その下に、ヤツデや万年青《おもと》の鉢が置かれている。玉砂利《たまじゃり》の中の飛び石を渡り、玄関の引き戸をカラカラと開けると三和土《たたき》があって、下駄箱の上には小さな額が置かれている。

長い廊下沿いに和室が三部屋並んでいた。玄関からすぐの、簞笥《たんす》のある部屋。二部屋目は、仏壇のある部屋。簞笥も仏壇も、実際にこの家で使われていたものだという。

壁には、どこの家にもよくあるような、カレンダーがぶら下がり、陽にやけて黄色くなった表彰状が、長押《なげし》に飾られている。それを指さして、近藤さんが、

「このカレンダー、主人公がお稽古にやってきた年の月と曜日にちゃんと合わせて作ってあるんですよ。表彰状もね、わざと汚してあるんです。ほら……名前が」

そう言われて表彰状を見ると、苗字は「武田」。その下は男性の名前だから、武田先生の父親か夫を想定したらしい。

画面に映らなくても、見えない部分までちゃんと作ってあると聞いたことがあったが、このことか……。

そして、三部屋目が八畳の茶室。

「わぁ〜!」

「二部屋目までは、元々あったんですが、ここから先は広い芝生の庭でした。庭に茶室と縁側を継ぎ足したんです」

その茶室は、昔からあったように、この家に馴染んでいた。

床の間、脇床《わきどこ》、雪見障子《しょうじ》、青畳《あおだたみ》……。

縁側の向こうには、松、ツツジ、もみじ、椿《つばき》、桜、ドウダンツツジなど、さまざまな庭木が植えられ、縁側の沓《くつ》脱ぎ石の向こうの、飛び石が打たれた先には、つくばいが据えられ、竹の筧《かけい》から水が流れている。

ここが、芝生だったなんて……。

「すごく広い芝生で、茶庭を作っても土地が余っていたので、塀の外に道路を作ったんですが、まだ土地が余ったので、その向こうのアパートや家並みも作ったんです」

「えーっ！」

私は、あんぐりと口を開けた。私が歩いてきた長い塀沿いの道も、その脇の町並みもみんなセットだった……。つまり、そこは町ごと撮影所。「映画の町」が、本当の住宅街の中に、溶け込むように作られていたのだ。

まさか、これほど大掛かりだったとは……。

実は、その数日前、樹木さんによく似た女性が、この現場を見に来たという。この家から歩いてすぐの場所に住む、樹木さんの妹、荒井昌子さんだった。

「妹です」

と、現場で挨拶されて、大森監督は「えっ」と、驚いた。

「なんだ……。それじゃあ、ここは樹木さんのご実家だったんですね」

と言うと、荒井さんは、

「いいえ、ここは夫の実家です」

監督は、また「えっ」と、驚いた。

「樹木さんから『知り合いの空き家だから自由に使っていい』って言われたんです」

「自由にねぇ……。姉が、『記念になるから、おうち貸したら?』って言うんで貸したんですけど、まさかこんなに大掛かりに家を変えて、まわりまで変わってしまうとはねぇ……」


外が暗くなっても工事はまだ続いていた。現場用の照明があたりを昼のように照らし、金槌や電気ドリルの音が響いていた。電気、内装、庭作りなど、工具を腰に下げた数十人の人たちが照明の中で作業を続けていた。作業をする人々の中で、大森監督が何か指示している。予備校生のような森井さんや、戦隊ヒーローみたいな萬代さんも、あの電柱のような堀明青年の姿も見える。

鳥海さんの家での稽古に集まっていた「大森組」の面々が、井土ヶ谷の現場へと移り始めていた……。

茶道具を運び出す

私の大仕事が始まった……。映画に使用する茶道具を決めなければならなかった。稽古のシーンは、大小合わせて、ざっと三十近い。場面ごとに季節ががらりと変わり、床の間の掛け軸や花、道具の取り合わせも変わる。

「どんな道具があるのか、一度全部、写真を撮らせてください。使う道具の候補をリストにしましょう」

茶道具担当の助監督、萬代さんが言った。

道具を全部、写真に撮る……？　それがどれほどの仕事量か、彼は知らない。やってみなければ、わからないだろう。

「道具出すだけでも大仕事よ。すごい数だから覚悟して」

と、私は青年に言った。

「わかりました。助手を連れて行きます」

その日、私は午前中早くから、武田先生の稽古場で、押し入れや天袋《てんぶくろ》、棚の中から、荷物を出した。稽古仲間が二人、手伝ってくれた。

最初は「水指《みずさし》」。紙包みを解き、桐箱を八畳間に並べる。その桐箱に、誰の作かが書いてある。萩《はぎ》、永楽、唐津《からつ》、備前、高取《たかとり》、膳所《ぜぜ》、白薩摩、信楽《しがらき》……。「水指」だけで、八畳間がいっぱいになった。

そこに萬代さんが助手を三人連れてやってきた。彼らは八畳間にずらりと並んだ箱を見渡し、何も言わずに作業にとりかかった。白手袋をはめ、木箱を開けて、布に包まれた物をそーっと丁寧に取り出し、一つ一つスマホでパシャ！　と写真を撮り、箱書きを記録する。値段のわかるものがあったら、それもメモする。美術館の学芸員というより、警察の鑑識みたいだ。

写真を撮り終えた水指は、助手が木箱にしまい、紐をかけ、包む。

茶道具の箱に掛ける紐は真田紐《さなだひも》で、その結び方には決まりがある。

「覚えておけば、役に立つかもしれないから」

と、結び方を教えると、若い人たちは「はいっ」と、真面目に覚えてくれる。

そんな時、いつかこの人たちが作る映画の中に、茶道に触れた経験が、少しでも生かされたらいいな……と、思う。

水指を全て撮影し終えると、今度は茶碗。みんなで手分けして箱を並べた。水指のよりは小ぶりな桐の木箱がずらりと並んで、また八畳間が埋まった。箱の中から続々と現れた茶碗は、梅、桜、柳、菖蒲《しょうぶ》、紫陽花《あじさい》、菊、柿、紅葉……と、華やかな季節の絵柄のものもあれば、黒や赤、枇杷色《びわいろ》、ゆがんで釉薬《ゆうやく》のかかったもの、印の押してあるもの、筒状、浅く平たいもの、縁の反り返ったのや、内側につぼまったものなど様々である。時々、箱の底から出てくる薄い領収書を広げて、萬代さんが「うっ」と絶句する。どれどれと、助手たちがそれを見に来て、押し黙る。

続いて、薄茶用の茶器……。小さな木箱から、蒔絵《まきえ》の塗り物が次々に取り出され、ずらりと並んだ。春野、秋野、ミル貝、柳、唐草文《からくさもん》、青海波《せいがいは》、高台寺、踊り桐……。

時々、木箱の中から、もう一回り小さな木箱が現れたりする。

「これが本当の『箱入り』。箱が箱に入ってるの。『箱入り娘』って、これくらい大事にされてることなんですって」

「へーえ」

と、箱をしまいながら彼らが頷《うなず》く。

そして、濃茶の茶入れと、それに着せる金襴《きんらん》や緞子《どんす》の仕覆《しふく》の数々……。

次は、お釜の蓋を置く「蓋置《ふたおき》」。箱はさらに小さくなるが、竹、焼き物、鋳物《いもの》と種類は多い。その絵柄や意匠もさまざまで、まるで茶道具の中の小さなアクセサリーのようだ。

まだまだ道具は続く……。

道具の中の一番の大物「お釜」。お点前の畳の向こうに立てる「風炉先屏風《ふろさきびょうぶ》」。冬、「炉」の縁にはめる枠「炉縁《ろぶち》」。床の間の花を入れる「花入れ」や「籠《かご》」。お点前中に、汚れた湯や水を捨てる「建水《けんすい》」。それから、主菓子《おもがし》を入れる蓋付きの「菓子器」と、干菓子《ひがし》を盛る「菓子盆」。外が真っ暗になっても作業は終わりが見えなかった。

さすがに若い人たちも、疲れて無口になった。

だけど、まだ「茶席の一番のごちそう」と言われる「掛け軸《かじく》」がある。押し入れの戸を開け、そこに細長い桐箱がびっしり積まれているのを見た時、「あ〜」と、ため息が聞こえた。掛け軸の撮影は、後日改めて、ということになった……。

茶道具の撮影後、三日とたたずに萬代さんから道具の一覧表が送られてきた。道具の種類をきれいに分類し、編集してあった。徹夜したに違いない。

私はお菓子と花を考えねばならなかった。茶席のお菓子は季節感そのものだ。武田先生の稽古場では、菓子器の蓋をあけるたび、そこに季節が現れた。心に残るお菓子は、数えきれない。それらは、お菓子屋さんに注文すれば作ってもらえるだろう。

だけど、問題は床の間の花だった……。

クランクインが十一月二十日なのは聞いている。が、実を言うと私は、具体的なスケジュールを聞くまで、漠然と、撮影にはじっくり時間をかけて季節を追いかけるのだろうと思い込んでいたのだ。台本の中で、季節が次々に変わり、真夏の稽古シーンもあれば、雪のシーンもあったからだ。

「撮影期間は一カ月です」

そう吉村さんから聞いた時、私はきょとんとなった。一ヵ月？　たった一ヵ月で、どうやって季節を撮るのだ。

「それが……撮るんです」

と、吉村さんは笑っていた。

よりによって、一年で最も花の少ない冬の撮影である。春や夏の花は、どうする……。

「大丈夫です」

萬代さんは激しく咳き込みながら言った。膨大な茶道具のリスト作りに根をつめ、二十代の若者といえども疲れたのだろう。風邪をひいて数日寝込んでいたそうだ。

「テレビや映画の花を扱う花屋さんに頼みます。いざとなったら造花です」

「えーっ、造花?」

「本物と見分けのつかない花を用意してくれます」

と、かすれた声で言った。

それから私と萬代さんは、喫茶店やファミレスで四日間、顔を突き合わせ、一つ一つの場面ごとの道具の取り合わせを決めた。

「これまでの仕事の中で、一番責任が重いっす」

と、彼は言った。

道具を運び出す日、私が、

「すみません。しばらくお道具をお借りします」

と、頭を下げると、

「なんでも持っていきなさいって言ったでしょ」

と、武田先生は言った。

「押し入れの中が、がらーんとなります。お稽古にも不自由をおかけします」

「いいわよ。そこらにあるものを使うから」

萬代さんを先頭に、美術や装飾のスタッフが、茶道具をそーっとバンに運ぶ。

「気を付けてね」

「はい、大事に運びます」

お道具をみっしり載せたバンが、先生の家と井土ヶ谷の現場を二往復した。

井土ヶ谷の一軒家の大きな台所が、茶道具置き場になった。現場は、夜間、無人になる。

その日から、スタッフが一人、現場に寝泊まりして番をしてくれることになった。

助っ人・K子さん

来る日も来る日も、打ち合わせだった。やってもやっても仕事は尽きない。黒木華さんと多部未華子さんの茶道の稽古もある。その他の生徒役の女優さんたちの稽古も……。

「森下さんが三人必要です」

と、吉村さんが言った。

同じ稽古場の仲間は、家庭があり、年齢も高い。連日、早朝から夜まで、付き合ってくれと頼むわけにはいかない……。

だが、頼りになる人がいた。友人のK子さんである。彼女は私と同年代で、師事する先生は違うけれど、表千家の「教授」の看板も持っている。会社を退職して、今は、お茶を教えている。映画も好きだ。

何より彼女は、責任感が強く、引き受けたことは、きちんとやりとげてくれる人だ。一人では心もとない私の助っ人をお願いすると、K子さんは「私でいいの?」と、快く引き受けてくれた。

黒木さんと多部さんの茶道の稽古は、横浜市鶴見区の「馬場花木園《ばばかぼくえん》」という美しい庭園内のお茶室を借りきって行われた。指導してくれたのはK子さんだ。それには、

「森下さんからお点前を習うって、黒木さんにとっては、やりにくいんじゃないでしょうか。役の本人だから……」

という吉村プロデューサーの配慮もあった。

黒木さんは茶道の経験がなく、多部さんも幼稚園で触れたことはあるものの、ほとんど

初めてと同然だと聞いた。それなのに、二人とも短時間で手順を覚え、細かい所作の指導をすると、それもすぐに吸収して、よどみないお点前ができるようになったという。K子さんは驚いていた。

「やっぱり、ふつうの人とは全然違うのよ。私の動きを見て、すぐ同じようにできるの。女優さんて、そういう能力に長《た》けている人たちなのね」

しかし、のちにK子さんと私は、「女優の特殊な能力」にもっと驚くことになる。それは、正しい作法を身に付けた黒木さんと多部さんが、撮影が始まった時、カメラの前では何も知らない初心者に戻れることだった。

「聞いたよ。本が映画になるんだって？」

武田先生の稽古場に出入りしている道具屋さんが言った。

「えっ、どこで聞いたんですか？」

「ん？　名古屋の展示会で噂になってたよ。現代劇で初めてのお茶の映画なんだってね」

噂が伝わるのは早い。「情報解禁までは内密に」と言われてきたが、実は業界内ではもう噂が広まっていたのか……。

それならばと、道具屋さんに、撮影現場を手伝ってもらえないかお願いした。道具屋さんが一緒にいてくれれば、この道のプロだから何かと頼もしい。

道具屋さんは「やですよ。うちは商売ですから、怖いです」と、首を横に振った。

よくわかる。そうなのだ。お茶の世界にいる人ほど、素人がお茶の映画を作ることがどれほど怖いか知っている。

だけど、私とK子さんは、もう後戻りはしない。

正式に「情報解禁」になったのは平成二十九年十月三十日。インターネットに、「日日是好日」公式サイトが立ち上がった。

「日日是好日」２０１８年全国公開

そのトップページの背景画像に、目が吸い寄せられた。

淡い緑色で、筋目が走っている……。

（……あっ、青畳だ！）

まだ青く、匂いのしそうな清々しい畳に陽が伸びて、そこに庭木の枝が美しい影を落としている。稽古場の午後の風景だ。

なんて素敵なデザインだろう。

映画化が現実になっていく……。その実感がじわじわとわきあがってきた。

インターネットにさっそくニュースが流れた。

「『日日是好日』映画化決定。主演、黒木華。樹木希林」

これまで、話し合いを重ね、お茶の稽古をし、セットを作り、さまざまな準備が行われてきたけれど、それらはすべて水面下で進められてきたことだった。だけど、情報解禁日をもって、これから正式な広報活動が始まる。

セット完成

井土ヶ谷のセットが完成した。茶室をぐるりと見渡すと、武田先生の家によく似ていた。外に面した廊下も、庭の緑も、つくばいも。茶室の障子戸も、床の間も……。けれど、何かが一つ足りなかった。

それがないことで、稽古場に何かが欠けている。

襖の上。欄間《らんま》のあたり……。長押の上ががらんとしている……。武田先生の稽古場では、そこに横に長い扁額が掲げられている。

「……」

私が長押の上に目をやると、

「樹木さんが、『額を書かせたい人がいる』と、おっしゃって……。何か考えがあるようなんです」

と、吉村さんが言った。

「額を書かせたい人?」

樹木さんは、知り合いの書家にでも頼むのだろうか? 樹木さんが見込んだということは、ただの書家ではない。書道界の反逆児か、前衛アーチストか。よほどの異端か破天荒か……。そんな言葉が頭の中で飛び交う。とにかく、平凡ではすまないだろう。

ここは茶室だ。心静かな場所だ。ふつうは禅宗の高僧か、茶道の家元の書などが掛けられる。あまり人を驚かすようなものは馴染まない気がする。

何が出てくるか……。不安を感じた。

額ができあがったのは、クランクインの二日前だった。「どうです？」と、吉村さんからその書を見せられた瞬間、私は虚を衝かれ、ハッとなった。

それは清々しく型破りで、明るいパワーに満ちていた。

樹木さんの知り合いの、京都の小学五年生の女の子が書いたという。思わず呻《うな》った。

後日、樹木さんがこう言った。

「この子はね、字を書きたくて書きたくて仕方がないの。すごい素質がある。だけど、書は習っていない。習ったらこの字は書けないの」

その言葉の通り、大人には決して真似のできない書だった。

「日日是好日」

長押にその扁額が掛けられると、何か欠けていた空間に、パズルの最後のピースがパチリとはまった。

日本のどこかの町に、きっとこんなお茶室がある。庭は緑豊かで、爽やかな風が吹き抜ける。そして、その茶室の先生は、きっと厳しく、温かく、おおらかな人だ……。そんな風に思えるお茶室ができ上がった。

クランクインの前日、都内の神社で撮影の安全と映画のヒットを祈願する奉納が行われた。吉村、近藤、金井の三プロデューサー、大森監督、主演の黒木華さんをはじめ、大森組のスタッフ全員が集まった。その数なんと五十人以上。

（こんなに大勢で作るのか……！）

その大所帯に圧倒された。

ざっと見渡したところ、背広姿などいない。茶髪にニット帽、野球帽に黒いスタジャン、パーカーにダウン、ファーのマフラー、腰にはジャラジャラした鎖など、ばらばらな服装の人たちが集まって、何だか野武士の集団みたいだ。彼らは、撮影、照明、音響、美術、装飾、大道具、小道具、衣装、ヘアメイクなど、それぞれが専門技術を持った映画の職人たちなのだ。

映画の現場は、男ばかりの汗臭い世界なのだろうと想像していたのだが、意外にも女性が少なくない。これも時代だ。そして、男性たちは小ざっぱりとして物静かに見える。これも時代だ。

あちこちで、再会したスタッフが声をかけ合う姿が見える。きっと彼らは、監督や製作会社から声がかかるとこうして集合し、映画の撮影が終わると、ばらばらに散って、また次の映画の撮影に向かうのだろう。

吉村プロデューサーが、ずらりと集まったスタッフの名前と仕事を一人一人紹介する……。紹介された人は、軽く頭を下げる。

「原作者で、今回、茶道指導として参加する森下典子さんです」

と、紹介があった途端、五十人の視線がいっせいに私に集まった。

映画の撮影に、原作者本人がスタッフとして参加した例はないという。しかも、私はこの映画の主人公でもある。主人公・本人が、撮影スタッフとして現場に参加するというのは、奇妙な話だが、ともあれ、明日から私は、大森組の一員なのだ。

第三章　怒濤の撮影現場

撮影現場の人たち

十一月二十日、午前六時。母の世話を叔母に頼み、家を出た。気温二度。駅への道はまだ暗く、吐く息が白く見える。ダウンジャケットを着ていても寒い。東横線で横浜駅に行き、京浜急行に乗り換える。下りの「浦賀行き」が出発した時、がらんとした車内に金色の朝日が差し込んできた。

今日からいよいよ撮影が始まる……。井土ヶ谷駅で降り、大通りから脇道に入る。まだ眠りから覚めきらぬ住宅街を、黒いダウンを着た人が一人、また一人、同じ方向に向かっていく姿が見える。やがて、大谷《おおや》石《いし》の塀《へい》の前に、大型のロケ車が停まっているのが見えた。その塀の門の中に、蟻が巣穴に入るように黒いダウン姿が吸い込まれて行く……。

近藤プロデューサーに案内されて工事中のセットを見に来た時は、別のルートから裏道を抜け、庭に作られた「映画の町」にいきなり入ったが、本当の入口は、この道路に面していたと分かった。塀の向こうに、見事な松が枝を伸ばし、その松の枝越しに風格のある玄関が見える。早朝の冷たい空気の中で、その家は眠っているようだった……。

ところが、一歩門の内側に入ると、材木、脚立、梯子《はしご》、大きな箱などを持った人たちが続々と出入りし、普請場《ふしんば》の慌ただしさだった。出入り口の三和土《たたき》は足の踏み場がないほどスニーカーや靴が散乱し、廊下や板の間に、三脚、カメラ、モニター、照明器具、録音の機材、パソコンなどが所狭しと置かれている。床には電気コードが何本も蛇のように這い、所々、ガムテープでとめられている。それら機材の間を、軍手をはめて腰に工具をぶら下げた人、大きなジュラルミンの箱を担いだ人、衣装を抱え、髪に櫛《くし》を挿した女性などが、

「そこ、通りまーす」

「すみませーん」

と、声を掛け合い通り抜けていく。

機材と人が行きかう現場で、私はどこにいても邪魔になった。

出会うスタッフ、誰彼なく「おはようございます」と、声をかけるが、向こうからはほとんど声がかかってこない。カメラや脚立が雑然と置かれた家のなかで、みんな慌ただしく自分の仕事にかかっていて、それどころではないのだろう。むしろ、話しかけると、引

いていく。気軽に声をかけあえない現場は、それだけで何となくアウェイだった。

茶室をのぞくと、先にK子さんが来ていた。もう現場に溶け込んで、「もっと右」などと、指示を飛ばしている。会社勤めをしていた彼女は大勢の中での仕事にも慣れている。

だけど、物書きは一人だ。編集者の鼓舞《こぶ》に支えられて原稿を書き、書きあがってからは、校閲者、印刷所、装幀家、営業、そして書店員さんたちと、大勢の人によって読者の手に本が届けられるのだけれど、書いている時はいつも一人。私は今まで、こんなに大勢の人たちと一緒に仕事をしたことがない……。

鞄をかかえて右往左往していたら、すぐ後ろの部屋の暖簾《のれん》の陰から、

「先生、こっちにいらっしゃい」

と、手招きされた。樹木さんだった。出入り口から近いその部屋は、樹木さんの控え室になっていた。そのほかの出演者の控え室は二階にあって、黒木さんと多部さんも、もう二階で支度をしているらしい。

「お入りなさい」

女優の控え室に入ったことなどないから、尻込みしていると、「いいから、お入りなさい」と、手を引っぱってくれた。すらりと細い滑《なめ》らかな指だった。

「あなた、手が冷たいわ。寒いでしょ。ここにお座りなさい」

古い一軒家は寒い。まして今は、戸という戸が開け放されて吹き曝《さら》しだから、道端に立っているのと大差なかった。

女優さんも現場で、寒い日暑い日があるのだろう。控え室には、毛布や足温器、電気ポットなどが持ち込まれていた。

樹木さんは椅子を引き寄せ、膝掛けの毛布を掛けてくれた。

ホテルのお茶室で顔合わせをし、お点前もお見せしたけれど、幼いころからテレビの中で観てきた樹木さんは、歯に衣着せぬ発言や、その生き方ごと、もはや「生きている伝説」のような人だった。その伝説の女優と、こんなに近々と二人きりで、一枚の膝掛けを分け合っているなんて、シュールだった。

「先生、映画はね、待ち時間が長いのよ。寒いから、いつでもここにいらっしゃい」

「……ありがとうございます」

「先生」と呼ばれるたびに、背中のあちこちで小さな虫がムズムズ蠢《うごめ》く。

樹木さんは「ここが痛くって」と、時々、左手で右肩の後ろあたりを押さえていた。病気のせいだろうか……と思うけれど、聞いてはいけない気がして黙っている私に、

「大丈夫よ、この映画を撮るまでは」

と、樹木さんは言った。

いろいろな話をしてくれた。女優になったきっかけや、昔のテレビドラマの現場の話。

「その頃は、役者にとって舞台が一流、映画は二流、テレビに出るのは三流だと言われてた。まして、コマーシャルなんか、下の下だとされていたわ。でも、私はコマーシャルにどんどん出た。私ほどコマーシャルで稼いだ女優はいないの」と、言っていた。

「私ねぇ、いつでも辞めてやるという気持ちだったのよ。それがこんなに長く女優を続けるとはね〜」

樹木さんの話には、森繁久彌や向田邦子という名が登場した。

「向田さんの脚本もね、最初は、下手だなぁ〜なんて思ってたのよ」

などと、樹木さんが語るのを聞きながら、私はテレビドラマ黎明期《れいめいき》の豊かな匂いに浸《ひた》った。

「子どもの時、『七人の孫』を観てました」

樹木さん演じるお手伝いさんが、しゃもじにくっ付いたご飯粒をお釜の縁になすりつける。すると、森繁久彌が、「こら、おトシ、釜の縁に飯をなするな！」と叱る。私はご飯

をよそう時、今でも時々、そのセリフを思い出す。そう言ったら、樹木さんが、

『『七人の孫』を観たの？　それは嘘でしょ〜」

と、信じてくれない。年を言ったら、

「あらっ、浅田美代子と一緒だわ。お子さんはいくつ？　えっ、あなた結婚してないの⁉」

と、またまたびっくりして、

「それはいけないわ……。一人で不自由はないの？」

と、何やら親身になって身を乗り出す。

私はずーっと独身だから、自分が不自由なのかどうかがわからない。むしろ、「結婚して不自由はないんですか？」と、逆の質問が頭に浮かぶのだけれど、何だかその質問を樹木さんにするのは、すごく気が引ける。

その時、外で「森下さーん！」と呼ぶ声がした。

クランクイン

呼ばれて茶室に行くと、スタッフにぐるりと囲まれながら、監督と助監督が、畳の上で帛紗《ふくさ》を広げたり畳んだりしていた。最初のシーンは、主人公・典子と従姉妹の美智子が、

武田先生から帛紗の畳み方を習う場面である。

「畳み方、これでOKですか？」

「はい、間違いありません」

でも、もう少し、自然なやりとりの方がいいような気がする。それを私は口に出した。

「監督、今のところ、こうやったらどうです？」

その途端、現場がシーンとなった。

「………」

何だろう、この沈黙……。大森監督が困惑した表情を浮かべ、助監督の森井さんは唖然とした顔で私をみつめていた。まわりに立っているスタッフたちはモアイ像のように固まってしまっている。森井さんが、

「森下さん、それはダメです」

と、首を横に振った。

「でも、この方がリアルじゃ……」

「ダメです。照明もカメラの位置も変えなければならなくなります。日没までに撮らなければならないシーンが決まってるんです」

私はその後、玄関の外で森井さんから「今後、ああいう発言は絶対やめてください」と、厳重注意を受けた。

撮影は時間との勝負だった。これは後で知ったことだが、一日延びるごとに製作費が二百万円余計にかかるという。しかも、冬至に向かうこの時期は、昼の時間が一年で最も短い。みんな、日没までに予定の撮影をこなすため、時間のロスを極力減らそうとしていた。そして、どうやら私の言ったことは、監督の演出への越権行為だったようなのだ。ここには目に見えない職域の区分があって、その境界線は決して踏み越えてはいけないらしい。

私はここでは、ルールもタブーも知らない異分子だった。

「そこ、かぶってるよ〜」

「ここにバミろう」

「これ、バラしちゃっていいですか?」

「十二日と十三日のスケジュール、テレコだよ」……。

知らない言葉が飛び交っている。

今の私は、茶道具の名前も知らなかった彼らと同じだ。

実際に映画を撮り始めるまでには、いくつもの段階があった。

まず、俳優が茶室に入る。

「典子役、黒木華さんです」

「武田先生役、樹木希林さんです」

「美智子役、多部未華子さんです」

紹介のたびに、スタッフから拍手がわき起こる。

それから、台本を傍らに、実際の演技やセリフの確認をする。その様子をスタッフ全員がまわりに集まって見ながら、「この襖《ふすま》ははずそう」「庭のあの木はいらない」などと、自分の持ち場の確認をする。これを「段取り」という。

段取りの時の現場の空気はゆるく、和やかである。黒木さんや多部さんも、スカートの下に防寒用のレッグウォーマーを穿《は》いたり、首や背中にカイロを貼っていたりする。樹木さんは着物の袖をヒョイとまくって、駱駝《らくだ》色のババシャツをベロッと見せ、まわりを笑わせていた。

段取りが済むと、俳優はいったん控え室に引き上げ、そこから、カメラの位置を決めたり、照明を作ったりというセッティングが始まる。この準備に延々と時間がかかる。やっと準備が整うと、再び、女優が茶室に入って演技をするが、これは「テスト」で、まだ本番ではない。

テストの後、再びセッティングの微調整をし、いよいよ「本番、行きまーす」となる。

撮影はシーンごとに、この「段取り」→「テスト」→「本番」というプロセスを繰り返しながらワンカットずつ撮り進んでいく。

けれど私は、そういう撮影の順番も知らず、彼らが何をやっているのかわからなかった。「典子さん、ここです！」と呼ばれて「はいっ」と、振り返ると、呼ばれたのは私ではなく、主役の黒木さんだった。ここでは黒木さんが「典子」なのだ。なのに私は、呼ばれるたびにいちいち振り向いてしまう。

小さなモニターの前では、黒いスタジアムジャンパーの背中がどっかり胡坐《あぐら》をかいて、画面をじっと睨《にら》んでいる。照明の水野研一さん。日本アカデミー賞を何度もとった大御所だと聞いたが、そう聞かなくても、その岩のような背中に圧を感じた。

画面には、誰もいない茶室が映っている。腕組みして画面を見つめている背中に、「今、何を見てるんですか？」とは、とても聞けない。その時間がやたらに長いのである。何もない茶室を一緒にじーっと睨んでいるのも、くたびれる。

手持ち無沙汰なので、ふらっと廊下に出た。そこに、腰を下ろすのに丁度《ちょうど》手ごろな出窓があった。何気なくそこに座り、背をもたせ掛け、脚を組んでくつろいだ。その途端、

「森下さーん！　映ってます！」

慌てて、その場から飛びのいた。


やがて本番が始まった。

私とK子さんは、モニターのある部屋で、小さな椅子に並んで座っていた。

「本番、お願いしまーす！」

助監督の声がかかると、立っていたスタッフがいっせいに、パッと道を開けた。目の前を、白と、真紅のカーディガンが横切った。二十歳の主人公と従姉妹を演じる、黒木さんと多部さんだ。

控室の入り口の暖簾がフワッとなびいた。私の前を、花浅葱《はなあさぎ》の上品な江戸小紋《こもん》と、塩瀬《しおぜ》の帯のお太鼓《たいこ》の柄が、風のように過ぎた。足袋《たび》のきりりとした白さが、目の端に見えた。

私は、その姿を、

（お茶の先生だ……）

と思いながら、ぼんやりと見送った。

次の瞬間、目の奥からハッと覚めた。

（……樹木さんだったのか！）

確かに「お茶の先生」だった。着物も佇まいも……。その時、背中がゾワッとした。

奇抜さや外連《けれん》は、微塵《みじん》もなかった。


その瞬間から、現場は、剣の切っ先を合わせたような張りつめた空気に変わった。スタッフが息を殺し、モニターの小さな画面を見つめる。ここから先は、声を出してはならない。咳もくしゃみも厳禁だった。

「よーい……スタート！」

監督の張りのある声が現場に響いた。

何かがカチン！　と鳴って、カメラの前に差し出されていた白黒模様の拍子木《ひょうしぎ》の付いたホワイトボードが素早く引かれた。

（これがカチンコか……）

「このお軸はね、『薫風《くんぷう》、南《みなみ》より来《きた》る』。新緑の季節に若い二人が風のようにファーッと入ってきて、ぴったりじゃない？」

初めて稽古場にやってきた典子と美智子に、先生が掛け軸の説明をする。樹木さんは自然過ぎて、素のままなのか、演技なのかわからない。

典子と美智子の膝の前には、新しい帛紗《ふくさ》が置いてある。

「これねぇ、最初に折り方を間違えると悪い癖がついちゃうから、ちゃんと覚えてね」

先生は帛紗を畳に広げて、正しい折り方を見せ、二人はそれを真似する。

……モニターを眺めていると、つい三人の表情に引き込まれ、一瞬の手の動きを見過ごしてしまう。「ちゃんと見なきゃ」と気を張った。

やがて、「帛紗さばき」の場面……。先生が逆三角形にした帛紗の両端を持って、一気に左右に引っ張ると、絹がポンと快い音を立てた。

「これを『塵打《ちりう》ち』っていうのよ。やってごらんなさい」

典子と美智子も、ぎこちない手つきでやってみる。

（武田先生に初めて帛紗さばきを習った日も、こんな感じだったなぁ……）

と、懐かしさに浸ると、また手の動きを見過ごす。「あ、いけない、いけない」と、慌てモニターを凝視《ぎようし》する。

「これね、お茶を入れる棗《なつめ》なのね」

先生は、それを左手に持つと、

「棗の蓋をね、帛紗でもって拭き清めます。ひらがなの『こ』の字を書くみたいに」

と、右手に小さく畳んで握り込んだ帛紗で、蓋の上を「こ」の字に拭いた。

二人も真似てやってみる。

「はい、今日はねぇ、最初の日だから、まず私がお茶を点ててご馳走しますね」

そう言って先生は、何やら嬉しそうに頷きながら、「うふふふ」と笑う。


「カット！」

監督の声がかかった。すぐさま森井さんが、こちらを振り返った。

「茶道、ＯＫですか？」

ＯＫと言えば、今の映像は、やがて映画館の大きなスクリーンに流れる。それをたくさんの人が見るのだ……。

もし、問題があるなら、今すぐに申し出なければならない。撮影が先に進んでしまってからの「撮り直し」は、セッティングからすべてやり直しになってしまう。

（何か見逃さなかっただろうか？　大丈夫だろうか？）

みんなが返事を待っている。

K子さんと視線を交わし、頷き合った。

「OKです」

すると、「OK」「OK」「OK」と、他の担当からも声がする。

助監督が「チェックOKです！」と、声を上げた。

「ただいまをもちまして、『日日是好日』、クランクインしました〜！」

その声に、スタッフの間から一斉に拍手がわき起こった。


その日から私とK子さんは、全撮影日数の半分の十五日間、井土ヶ谷のセットで過ごした。朝七時までに現場に入り、日没までにその日の撮影を終えると、助監督と翌日の撮影の打ち合わせをし、帰りはいつも夜道になった。

私たちの仕事は、道具の配置や、床の間の掛け軸や花に不自然がないか、本番での俳優さんのお点前や動きに茶道として間違いがないか、チェックすることだった。

思いもよらない所に、落とし穴が見つかることもある。

庭の景色を撮影する前に、私は助監督の萬代さんに訊いた。

「庭のつくばいに柄杓《ひしゃく》をかけておいてくれた？」

「はい、かけてあります」

「新しい柄杓よね？」

「はい、新品です」

そう聞いて、安心していた。

ところが、障子《しょうじ》を開けて、つくばいを見た瞬間、（あれ？）と思った。確かに柄杓が掛かっている。だけど、何かが変なのだ……。

その時、横でK子さんが声を上げて笑った。

「やだぁ～、あれ、神社の柄杓よ！」

神社の手水舎《ちょうずや》に置いてある、底の浅い柄杓だった。

茶道で使う「つくばい柄杓」は、同じ柄杓でも、底がマグカップのように深い。

萬代さんは、顔色を変えてスマホを検索している。

「この柄杓ですか？」

「そう、これ」

私たちも迂闊《うかつ》だったのだ。「柄杓」といえば、茶道の柄杓しか思い浮かばない。まさか、そう来るとは思わなかった。これは危ない。念には念を入れて確認しなければいけなかった。

スタッフが急遽《きゅうきょ》、茶道具屋に走ってくれて「柄杓」の問題は解決した。

本番のカメラが回り始めると、私たちはモニターをじっと見つめて、畳の歩き方、茶巾《ちゃきん》のあつかい、茶碗の拭き方、柄杓の構え方、お湯のすくい方など、細部を目でチェックした。カットの声がかかり、「茶道、ＯＫですか？」と確認された時、すぐにＯＫできる時もあるけれど、迷うこともある。

「お茶碗を左に寄せた時、畳を擦《す》って動かしたように見えなかった？」

「ちゃんと持ち上げていたけど、カメラの角度で、畳を擦ったように見えたのよ」

「やり直した方がいいかなぁ？」

「どうする？　言うなら今よ」

じっと画面を見つめ続けていると、小さなことも気になって来る。時にはK子さんと意見が異なることもあって、そのたびに、まわりをやきもきさせた。

ＯＫなのか、やり直しなのか、その場で決断しなければならない。私の決断を、スタッフ全員が待っている……。そんな時、見えない手で内臓をギュッとつかまれるような気がした。

バレ飯、メシ押し

そんな緊張の撮影現場にも「お昼」はやって来る。正午になるとお弁当が配られた。できたてのホカホカ、というわけにはいかない。ひんやりした「ロケ弁」をみんな一つずつ持って、座敷やモニターの前、縁側など、好きな場所で食べ、ごろりと横になったり、外へ一服しに出かけたりする。セットの塀の向こうでは、食後の煙草を吸う人たちがたむろしていて、塀の上に、もくもくと紫煙《しえん》が上がっていた。

バックヤードの台所では、制作進行のスタッフが、珈琲やお茶のサーバーを用意し、サイドテーブルにはいつも飴やチョコレート、スナック菓子、サンドウィッチなどが置いてあった。スタッフも出演者も、撮影の合間や食後に、ちょっとそこに立ち寄っては、紙コップでお茶を飲みながら雑談をする。会社の給湯室のような雰囲気だった。

私はこの現場に午前七時に入るために、五時前に起きて六時に家を出る。私にとってはかなりハードだ。ところが、「現場・午前七時」というのは、優遇されていたらしい。台所での立ち話で、スタッフの朝はもっと早いことを知った。中でも衣装やメイクは先発で、「今日は、下北沢に四時四十五分に集合した」などと聞く。……ということは、彼女たちは一体何時に起きたのだろう……。

そういえば、私が朝、現場に入る時、通りの向かいにある駐車場を見ると、そこにはいつも樹木さんの愛車オリジンが停まっていた。女優の朝は早い。樹木さんは、この愛車を自ら運転して都心の自宅から現場に通っていた。

「バレ飯」「メシ押し」という業界用語も、立ち話で知った。

「バレ飯」は、ロケ先などでそれぞれが自分で食事を済ませること。そして「メシ押しです」と言ったら、昼になっても飯抜きで、そのまま撮影を続行することだという。そういう時は、出演者もスタッフも、撮影の合間に、この台所の珈琲やお茶のコーナーで、軽く小腹を満たすためにスナック菓子やサンドウィッチなどをつまむ。

そして、この台所のサイドテーブルには、しばしば、寿司折、ケーキ、湯気の立つ肉まんなどが盛大に置かれた。そういう時は、必ず制作進行のスタッフが、「○○様から差し入れを頂戴しました」と、出演者の所属事務所や関係する会社の名前を大きくマジックで書いてテーブルの前に貼りだす。そんなところに「業界の仁義」を見た。

季節を作る

撮影二日目、突然、抱きかかえるほどの大量の造花が現場に運び込まれてきた。たくさんの枝の先に咲いているのは、ラッパ型のピンクの花だった。

「あ、ツツジだ」

しかし、床の間の花入れに、ツツジを入れる予定はない……。

装飾と小道具のスタッフが、造花の周りにわらわらと集まり、作業を始めた。一体何をしているのだろうか。見ていると、黙々と花を切り取っている。切っては籠《かご》に入れ、切っては籠に入れ……。籠が花でいっぱいになると、抱えて外に出て行く。そして、庭の塀沿いのツツジの植え込みに、一輪一輪、細い針金で結びつけ始めたのだ。

色の乏しい初冬の庭に、ポツ、ポツとピンク色がついていく。その色が増えていくに連れ、徐々に庭が活気づいていくように見える。

彼らは、路地にも、パラ、パラとツツジの花を撒《ま》き始めた。

「あーっ、なるほど！」

私は思わず膝を打った。五月の後半、ツツジの植え込みの道には、ツツジの花が散り落ちているのだ……。

映画の季節は、こうやって作られて行くのか。

段取りが始まった。典子と美智子が、初めて先生の家をたずねる場面だ。住宅街の中の路地を、美智子が手帳を見つつ、「このへんだよね」と言いながら歩いてくる。

私とK子さんは、マフラーに首まで埋まりながら、外に立ってそれを見ていた。背中にカイロを貼ってもまだ凍える寒さなのに、モニターの画面の中は、春の光に溢れていた。

「こんにちは！」

美智子が玄関の引き戸を開け、二人で三和土《たたき》に立って待っていると、廊下の格子戸《こうしど》を開け、先生が現れる。

「あ、いらっしゃ〜い。どうぞ、おあがんなさい」

樹木さんは、たったこれだけの短いセリフを、段取りで、二度、三度、繰り返した。繰り返しながら、アドリブを加え、声のトーンを変え、セリフの中の何かを探っていた。


その揺らめくような生の声から、思いがけない感情がやってきた。先生が、新しい生徒を今か今かと待っていた心の弾み。きらめく若さを前に、うき立つ気持ち。

(そうか……、私が初めてお稽古場にうかがった日、先生はこんな気持ちだったのか……)

目から鱗《うろこ》が落ちた。

原作を書いた四十代の頃、私は自分の気持ちを描くのに精いっぱいで、先生の気持ちまで想像できなかった。けれど今ならわかる。

先生は、あの日、うきうきしながら、二十歳の私たちを出迎えてくれたのだ。

茶道のチェックをするために立ち会った撮影現場で、こんな気持ちを知ることになるとは……。

だけど、それはほんの始まりに過ぎなかったのだ。自分の半生の映画化に立ち会った私は、それから次々に、思いがけない感情と出会うことになった。

樹木さんは段取りのたびに、いつもセリフを二、三度繰り返した。けれど、段取りで繰り返したセリフは、口にする先から消えてゆき、本番のセリフだけが残った。私は消えたセリフが忘れられない。現場でしか聞けない声だった。時々声が裏返り、セリフは言い変えられ、アドリブが入り……、やがてセリフは役を超え、樹木さん自身の言葉になった。

体で覚えたこと

樹木さんのお点前のシーンがやってきた。

観世さんから秘密の特訓を受け、ＤＶＤを繰り返し見て勉強した成果の見せ場である。

「先生、ちょっと」と樹木さんに呼ばれ、エアーで手順をさらった。

「はい、テスト行きます！」

と、声がかかった。

典子と美智子の二人に、先生が初めて薄茶を点ててご馳走する場面だ。

お茶碗に湯を汲み、茶筅通《ちゃせんとお》しを始めるところで、先生は、

「さ、どうぞ召し上がれ」と、二人にお菓子を勧める。けれど、「お茶がまだ……」と、

二人が戸惑っていると、「茶道ではね、先にお菓子だけを食べるのよ」と、言った。

先生はさりげなく茶筅通しをし、サラサラと茶筅を振る。そして、「の」の字を書いて茶筅を引き上げる。お茶碗を手に受け、中の湯を、ゆっくり回しながら温める……。

角の取れた、丸みのある、自然なお点前だ。いかにもお茶の先生らしい。

茶碗の湯を、建水《けんすい》にあける。空になった茶碗の縁から、ポタッ、ポタッと露《つゆ》が落ち、最後の雫《しずく》が、茶碗の縁から今にも滴りそうになった。その時、樹木さんは、何気なくお茶碗を振った……。

「あっ」

私が声を上げるのと、大森監督が反射的に私を振り返ったのとが同時だった。目と目が合った。

「今のは、ダメですよね？」

「はい」

体で覚えたことは、理屈抜きで通じる。

その瞬間、飛び上がりたいほど嬉しかった。監督の中でお茶の稽古をしたことは生きている。

監督も茶碗を振った。私もかつて同じことをした。みんな同じ体験をし、同じように注意されて、体でお茶に馴染んでいく。

監督やプロデューサー、スタッフたちが稽古の中で耳にした音、目にした光や色、肌で味わった手ざわりは、きっとこの映画に水のようにひたひたとしみ入っていくだろう。そして、それはこの映画を観てくれる人の五感にも、しみわたっていくのかもしれない……。

助監督たち

映画監督の補佐をする「助監督」は、一つの映画に三人、または四人いる。チーフがスケジュール、セカンドはメイクや衣装、サードが美術や小道具など、それぞれの役割を持っていた。そして、みんな順々に、持ち場を経験しながら監督へと進んでいく。

四十人から五十人のスタッフが働く撮影現場の隅々まで把握し、スケジュールを組んで管理しているチーフの助監督は、小南敏也《こみなみとしや》さんという。

セカンドの森井さんは予備校生のような雰囲気、サードの萬代さんは戦隊ヒーローが似合いそうな青年で、二人とも背広を着た姿は想像できないけれど、なぜかチーフの小南さんだけは、紺色の背広が似合いそうだった。彼には、社会の荒波を知っている大人の匂いがした。「一般企業に勤めていたが、夢を諦められず、この世界に入った」と後で聞いて納得した。

小南さんが作ったスケジュールには、クランクインからクランクアップまで、毎日の撮影シーンの内容——どんな場面か、場所はどこか、何月のシーンか、登場人物は誰、撮影する美術の小道具などが、綿密に書き込まれていた。けれど、天候や撮影の進行によって予定は頻繁に変わる。毎日、その日の撮影が終わるたび、小南さんから全員に新しい予定表が配られた。

井土ヶ谷での撮影が数日続いた後には、屋外でのロケがあり、「予備日」「撮休日」が所々に組み込まれていた。撮影現場に慣れない私やK子さんの体力を考慮してスケジュールを組んでくれているような気がした。

私はなかなか現場に溶け込めなかった。

言葉を交わすのは監督と助監督、そして、いつも三人で現場の隅に立って撮影を見ているプロデューサー。たまに、メイク担当の女性が声をかけてくれるけれど、その他数十人のスタッフのほとんどは、同じ現場にいても何となく距離がある。

何日か過ぎて思った。

(きっと話しかけにくいんだな……)

スタッフの多くは二十代、三十代と若い。監督やプロデューサーだって四十代なのだ。そんな中、ずっと年上の原作者に、若いスタッフが気軽に声をかけにくいのは、当然なのかもしれなかった。

台所での鉢合わせ

ある時、こんなできごとがあった。私がいつものように台所でお茶を飲んでいたら、そこに、ひらりと着物姿の黒木華さんがコーヒーを飲みに入っていらしたのだ。

「あ……」

「……」

黒木さんとは、撮影が始まる三カ月前、都内の個人宅のお茶室で初めて顔合わせし、お茶を一服、差し上げた。出演中の舞台も観に行き、楽屋にご挨拶にうかがった。

その後、黒木さんのお点前はK子さんに担当してもらうことになり、現場の控え室も二階にあったので、毎日、お顔は見ていても、お話しする機会はなくなっていた。

台所での唐突な鉢合わせに、私は年甲斐《としがい》もなくあがってしまった。

(何か言わなきゃ……)

と、思うのだけれど、目の前にいる、当代一の実力派女優の肝の据わった雰囲気に気圧《けお》されて、言葉が出なくなってしまった。

黒木さんも、きれいなおでこと、かすかに紅潮した頰で、私が何か言い出すのをじっと待っているようだった……。台所に入ったら、目の前に、自分が演じる役の本人がいて、差し向かいになってしまったのだから、戸惑うのも無理はなかった。

自分自身の姿を自分が目撃する「ドッペルゲンガー」という超常現象みたいだった。私たちは、互いの目を見つめたまま、相手が何か言い出すのではないかと待っていた。

「………」

「………」

が、互いに何も言えず、奇妙な、ぎこちない時間だけが過ぎていった。

やがて、黒木さんが、その茶色い瞳の奥から、私をじーっと観察し始めたような気がした。なんだか、女優の目で中身をスキャンされ、読み込まれているみたいだ。

互いに、視線をそらさぬまま、私は日本茶を啜《すす》り、黒木さんはコーヒーを飲んだ。そして黒木さんは、そのまま二階の控え室に上がっていった。

のちに、黒木さんは撮影後のインタビューで、私のことを、こう語っている。

「モニターでチェックして、アドバイスしてくださったので……本当に毎日いてくださって心強かった」

そして、典子という役のキャラクターについて、「本当は森下さんは、(映画の「典子」より)もう少しふわっとした方だと思うんですけど……」と、おっしゃっているのを聞いて、この台所での遭遇を思い出した。

新緑の縁側

撮影四日目になった。この日も、照明の水野さんがモニターの前にどっかりと陣取り、何を見つめているのか動かない。私はその黒いスタジャンの肩越しに、モニターの画面をのぞいた。

「………」

映っているのは、いつもと同じ、誰もいない茶室だった。だけど、私はそのがらんとした部屋の、青畳の清々しい質感に思わず見入ってしまった。小津安二郎《おづやすじろう》の作品に見るような、ちょっと古風で奥ゆかしい、日本の美しさがそこにあった……。

その日も、私とK子さんは、本番が始まるたびに息をつめ、モニターの中の手の動きを、見逃すまいと見つめ続けた。

「はい、カット！」「茶道、ＯＫですか？」

監督と助監督が私を見る。「……は、はい。ＯＫです！」そう答えながらも、内心、（本当に大丈夫だろうか？　間違いなかったんだろうか？）と思う。胸がキューッと痛んで、心臓がドッ、ドドッ、と不規則に鼓動を打った。


その日の午後。縁側のシーンの撮影だった。

典子と美智子が、お点前の稽古が終わった後、開け放った障子の向こうの縁側に、正座でしびれた脚を長々と伸ばしながら、のんびり庭を眺めている。そこに「疲れたでしょう」と先生が来られて、

「お茶はね、まず形なのよ。初めに形を作っておいて、その入れ物に、後から心が入るものなのね」

と語る。それを聞いて美智子は、先生に、

「形だけなぞるって、形式主義じゃないんですか?」

と、思ったままを口にする彼女らしい質問を投げかけた。けれど、それを聞いた先生は、気を悪くする風もなく、まるではるか彼方を眺めるかのように、

「何でも頭で考えるから、そういう風に思うんだね」

と、噛《か》みしめるように言って、ふふふと笑う……。

段取りが終わって、三人の女優はいったん控え室に引き上げ、いつものように、カメラや照明の調整が始まった。

クランクインから連日、手順や道具に神経を張りつめ、「間違い探し」でもするような目で、じっと現場を見つめてきたが、このシーンはお点前がないので安心して眺めていられる……。

そう思った時、一気に解放された。私は茶室を突っ切り、引き寄せられるように縁側に出て腰を下ろした。子どもの頃から縁側が大好きだった。学校から帰ると、ランドセルを放り出して縁側に座り、脚をぶらぶらさせながら、おやつを食べ、寝そべって本を読んだ。家の内と外の境界にある縁側は、私の最高の居場所だった。

庭木の枝の上で、美術スタッフの男性が「季節替え」の作業をしていた。初冬の晴れた午後なのに、庭の景色は五月だ。ライトに照らされた木々の若葉が光に透けて、今にも初夏の風が吹いてきそうだった。私は大きく息を吸い、「あ〜、きれい……」と、思わず声に出した。

「森下さーん、照明の調整中なんで、そこにそのまま、いてくださーい」

と、後ろで、森井さんの声がした。

「はーい」

私は振り向かずに返事をした。

二十歳の時、稽古場で交わした、あのやりとりを覚えている。「形式主義じゃないですか」と、不躾《ぶしつけ》な質問をしたのは、本当は、従姉妹ではなく私だった。武田先生は、懐かしいものでも見るように、少し笑いながら「あなたたちは、何でも頭で考えるからそんな風に思うのね」と、おっしゃった。

あの日から四十年が過ぎて、今、その場面が、映画になろうとしている……。

その時、目尻が濡《ぬ》れているのに気づいた。目にゴミが入ったのだと思い、拭いたが、また濡れる。

どうしたのだ、私……。

やがて、照明の調整が終わり、テストも終え、いよいよ本番が始まった。

スタッフと一緒に、小さなモニターを見つめた。

庭を背景にした縁側の三人の女性の構図は、絵画のように美しかった。

今日、初めてお点前をした二十歳の娘二人と、何十年も茶道を教えながら、人生に厚みを重ねてきた先生。その縁側の会話を聞いていたら、どうしようもなく泣けてきた。

（ちょっと待て。ここは泣かせる場面じゃないはずだ）

と、理性では思うが、涙が勝手に出てくるのだ。

かつて私は、あの縁側の娘だった。だけど、六十歳を過ぎた今、あの娘は遥か遠くになっていた。

言って聞かせてもわからないことがある。年月をかけることでしか、届かない場所がある。今の私はむしろ、「何でも頭で考えるから、そういう風に思うんだね」と、彼方を眺め微笑むしかない先生の気持ちが手にとるようにわかる。それがわかるほどに、私も年を重ねてきたということなのだ。

縁側のシーンは、私の四十年そのものだった……。

「長い道のりだった」とも、「いつの間にか、ここに来ていた」とも思う。どっちも本当だった。そして、さまざまな思いがないまぜになって、一気に押し寄せる。

(撮影現場で泣いてどうする。みんなが変に思うじゃないか)

自分を抑えようとするのだけれど、どうしようもなかった。あたりにいた助監督やスタッフの表情がサッと変わった。が、瞬時に目をそらし、気づかぬふりをしてくれる。なんてデリカシーのある人たちだろう……。

だけど、「どうしたんだ」「何があったんだ」と、陰であれこれ心配するのは目に見えている。

現場の隅で、ストーブを囲んでいた三人のプロデューサーの所に行って、「今の場面、泣けてしまって……」と、自己申告した。

「どうしました?」

三人は親切に耳を傾けてくれるが、語ると、また泣けてくる。この気持ちを言葉で説明したところで、たぶんわかってもらえない。それもわかっていた。その時、

「もしかすると……」

と、金井プロデューサーが視線を宙にやった。

「これは……いい映画なのかもしれない」


また「季節替え」が行われ、「真夏」になった。

縁側の障子がバタバタと取り外されて、葦戸《よしど》に替わった。

室内はほのかに暗く、葦戸越しに透けて見える庭の木々が、強い光を照り返している。

……寒いのに、目がすがすがしい。

「あらぁ、いいわね～、この光！ こういう映画は、ツイてるのよ」

という樹木さんの声が、スタッフみんなの意気をもり立てた。


武田先生から拝借したお道具類は、分類されて台所の棚に、びっしりと積まれていた。

担当の萬代さん以外は、道具に触れないことになっている。

「茶碗、替えよう」

と、監督が言った。表面を覆った細かい泡が切れて、三日月型にお茶が見えるというシーンだった。点てられた薄茶が大きなアップになる。

「どの茶碗にしますか？」

と、萬代さんが監督に訊く。

「どれでもいい。森下さんが好きなのにしよう」

私は萬代さんに、「萩《はぎ》」と伝えた。彼は、サッと台所に向かった。

萩茶碗は手触りがザラッとして、色に柔らかな温かみがある。私は武田先生のお道具の中の「好日」という銘の萩茶碗が好きだ。

萬代さんは持ってきた桐箱から茶碗を取り出すと、両手で包むように捧げ持ち、「三百万円です」と言った。その途端、スタッフたちが一斉に後ずさりし、

「俺、触らないよ」

「俺も」

と、あちこちで声がした。

そのお茶碗の本当の値段は、私も知らない。

そんなある晩のこと、やや強い地震が起き、木造のわが家はミシミシ鳴った。

井土ヶ谷の現場には、留守番のスタッフが一人泊まっているきりだ。都内の自宅で就寝中の萬代さんは揺れに驚いて飛び起き、すぐさま、留守番のスタッフに電話をかけたそう

だ。

「道具は！　道具は無事か？」

幸い、道具は一つも棚から落ちることなく、無事だった。

無言のやりとり

私はこれまで、映画の撮影というのは、怒号が飛び交ったり、物が飛んだりするのではないかと想像していたが、大森組の撮影現場は静かで、空気が不思議に澄んでいた。

スタッフたちが自分の持ち場で黙々と働く姿が目に焼き付いている……。ガンマンみたいな腰ベルトに、いつもペンチやドライバーなどの工具をぶら下げていた照明助手の女性。長い竿《さお》の先に、モフモフした毛で覆われたマイクをつけて録音していた男性。いつも髪に櫛《くし》を挟んでいた衣装担当の小柄なベテラン女性。「消えもの」と呼ばれる料理を作ったり、セットの小道具を担当していた男の人。高い脚立にのって、いつも木の上で作業をしていた男性。

セッティングのたび、畳や、茶道具の漆器《しっき》の上の微かな埃を、入念に拭きとっていた美術助手の若い女性。本番直前に、近所の自動車修理工場に「音止め」のお願いをする人。

毎日、ロケ弁の発注やお茶の用意をしていた制作進行の女性。メイキングフィルムを淡々と撮り続けていた男性……。

段取りやテストを重ね、本番へと緊張が高まって行くとき、空気の純度は明らかに変わった。私は澄んで張りつめた空気の中で、耳には聞こえないやりとりが交わされているのを感じた。監督が振り返っただけで、何も言わなくとも、助監督が飛び出していく。サッと交わされる視線。そのたびに、空中で、何かが激しくぶつかったり、一点に結集したり、ばらけたりする。何も言わなくとも、しゃべっているのと同じだ。それはどこか、お茶の席に似ている気がした。

やがて撮影が進んでいくに連れて、私は大森監督の「よーい、スタート！」の掛け声に聴き入るようになった。声の出し方が、シーンによって大きく変わるのだ。

鉈《なた》を振り下ろすように、力強い大声が響き渡ることもあれば、優しく背を押すようなスタートの声もある。俳優が繊細な演技に入っていく時は、「よーい」と、小さく囁《ささや》いた後、（どうぞ……）というように、掌《てのひら》をそっと開く。なんだか、蝶々を空に放すみたいに。

本番が始まるたびに、私は耳をそばだてて、監督の「スタート」に聴き入った。

お釜の失敗

クランクイン後、井土ヶ谷の茶室での撮影は五日間連続して行われ、その後、茶室以外のロケや「撮休日」が入った。私とK子さんは二日続けて休日になった。

再び撮影日になって井土ヶ谷へ行ってみると、茶室のしつらえは夏の「風炉《ふろ》」から冬の「炉」に替わっていた。

床の間と道具の準備が整い、間もなく「段取り」が始まるという時だった。お釜の口に柄杓をかけて、ギョッとした。

(……高すぎる!)

私の顔色が変わったことに、助監督がすぐ気づいた。

「どうしました?」

「ダメだわ。お釜の位置が高すぎる……」

お釜の高さを直すには、五徳をはずし、灰を掻きだし、高さを整えねばならない。かなりの時間がかかる。

「まだですか? あとどのくらいかかります?」

スタッフたちがまわりを囲んでザワザワし、監督が言った。

「もう撮らせてもらえませんか？」

「………」

頭の中が沸騰《ふっとう》した。どう考えても、灰を直す時間はない。

私は押し寄せるプレッシャーに負けてしまった。

「……わかりました。始めてください」

そのままテストを経て、本番になった。モニターの中で、お釜ばかりが目立つような気がした。私は自分の意気地なさを責めた。が、悔いても、もう取り返しがつかない。

その後悔は後を引いた。ある晩、思い余って、助監督の森井さんに電話をし、

「あのお釜、やっぱり高いんです。あれ、ＣＧかなんかで直せませんか？」

と、訴えたが「それはできません」と、断られた。

そのシーンは、結局、そのまま映画に使われた。私は気に病み続けたが、映画公開後、お釜の高さについて指摘されたことはない。逆に自分から、「あそこ、どう思いました？」と、水を向けてみたりもしたが、「あら、気が付かなかったわ」と言われた。結局それは、映画全編の中の一場面の、小さな一点なのかもしれない。けれど、私は今も、そのシーン

を観るたび、心がヒヤリとする。

水の音とお湯の音

朝、現場で床の間の花の向きを直していたら、

「じゃあ、実際に聴き比べてみよう」

と、背中で監督の声が聞こえた。

稽古を続けていくうちに、ある日、典子は「お湯」と「水」の音の違いに気づく。そのシーンの撮影前だった。

お湯と水は音が違う。お湯の音は、とろとろとまろやかで、水は、澄んだ硬い音がする。

肩越しにちらっと振り返ると、お釜の前で、監督、助監督、録音スタッフが、お茶碗を囲んで車座に座っている。男たちの姿が、理科の実験をする小学生のように見えた。私は床の間の花に向いたまま、背中で彼らのやりとりを聞いていた。

「では、お湯、いきます」

と、助監督。

「………」

柄杓の湯が白い湯気を巻き上げながら茶碗に落ちる音がする。男たちはじっと耳を澄ました。

「……うん。じゃあ、次は水でやってみてくれ」

「はい、水いきます」

と、助監督。……水がピチャピチャと、跳ねるような音をたてた。

「……ほんとだ。違う！」

と、監督が声を上げた。

「全然違う。俺、知らなかった……。お湯と水って、音が違うんだな」

振り返ると、監督が、何か発見した子どものような顔をしている。

「さては、疑ってたんですね？」

と、声をかけると、監督はチラッとこちらを見て、

「森下さんの思い込みだろうと思ってました……」

と、後頭部を掻いた。

「先生たち、ちょっと」

樹木さんは、ちょくちょく私とK子さんを控え室に呼んでくれた。

「これ、あげる」

と、お饅頭《まんじゅう》をくださることもあったし、

「こんなの、お茶の先生が、普段着に羽織ったら、おかしいかしら？」

と、衣装について意見を求められることもあった。

また、私とK子さんがしゃべるのを聞きながら、

「今、先生たち、掛け軸のことを『お軸』って言ったわよね」

と、茶人らしさを吸収しようとしていた。

そして、よく世間話をした。樹木さんはワイドショーを見ていて、

「あの人たち、とうとう離婚しちゃったわね」

なんていうゴシップが好きだった。

だけど、本当は暢気《のんき》に噂話なんかしている場合ではなかった。初釜《はつがま》の日に、先生が生徒たちの前でお点前をするシーンがある。私はその濃茶の点前を樹木さんに教えなければならないのだ。

お茶の稽古では、誰しも最初に習うのは薄茶で、これが基本の点前である。だが、濃茶

になると、茶入れの扱いも、抹茶の分量も、点て方も変わり、点前が複雑になる。特に、映画で樹木さんがする初釜での濃茶の点前は、及台子《きゅうだいす》という大棚を飾り、金と銀の茶碗を重ね、いっそう手順が複雑だ……。

なのに、樹木さんは一度も稽古をしていない。

「早く、濃茶の稽古をさせろ」

監督が、助監督の森井さんをせっついている。森井さんも焦っている。吉村プロデューサーと森井さんが「濃茶の稽古をしてください」と、樹木さんを説得したことがあったが、控え室の中から、

「稽古はしません！」

と、声が聞こえた。二人はしょんぼり出てきた。「直前じゃないと忘れちゃうから」と、きっぱり断られたそうだ。

「本当に、直前で大丈夫なのか」

「樹木さんには、勝算があるのだろうか」

監督以下、スタッフみんなが心配している。私も、初釜の濃茶を覚えるには、かなりの稽古が必要だと思う。そんな現場の心配をよそに、樹木さんは、飄々《ひょうひょう》とワイドショーの話

をしているのだった。

お茶を愛す

出演者もスタッフも、誰もお茶の経験がない、と書いたけれど、実は、出演者の中に、茶道を習っている人がいた。

一人は、お稽古中、立ち上がった拍子に、派手に尻もちをついて建水《けんすい》の水を浴びる。もう一人は、帛紗《ふくさ》さばきで、塵打《ちりう》ちした拍子に眼鏡をふっ飛ばす。さらに一人は、柄杓《ひしゃく》を勢いよく釜に突っ込んでしぶきを上げる。この三人の中の一人は、「講師」の看板も持っている。

そういう人たちが、このドタバタを演じるという、皮肉なキャスティングだった。

やがて、スタッフの中からも、お点前のできる人が現れた。

ある日、照明のセッティング中に、萬代さんがお釜の前に座り、腰の帛紗をサッと抜いて、帛紗さばきを始めた。「塵打ち」の音が、パン！　と冴えた。畳んで四角く握り込んだ帛紗で、棗《なつめ》の蓋の上を「こ」の字に拭き、茶杓《ちゃしゃく》を動かさないように持って三度に清めた……。お湯をお釜の底の方から汲み上げ、合《ごう》一つ分上からお茶碗に注ぐ。その柔らかな湯の音が耳に心地良い。

「きれいなお点前ねえ……」

彼は、K子さんが出演者に指導するのをそばで見て覚えたらしい。この間まで、茶杓も柄杓も知らなかったのに、あっという間に、お点前を身につけてしまった。


それにしても、助監督はハードな仕事だなと思う。森井さんと萬代さんは、監督から「お前たち二人は、お茶をマスターしろ」という無茶な命令を課され、付箋の束がついた教本で猛勉強していた。いつだったか、そんな森井さんの口から、こんな言葉を聞いた。

「どのみち大変なら、嫌々やるより必死に取り組んだ方がいい。僕は今では、お茶を愛してさえいますよ」

きっとそれが、映画作りのたびに難題を乗り越えてきた助監督の哲学なのだろう。

縁側で並んでロケ弁を食べながら、森井さんにこんな質問をしたことがある。

「助監督って、俳優さんが演技する前に、ほら、カメラの前で同じようにやって見せたりするでしょ?」

「あぁ、段取りですか? やりますよ」

「森井さんも、ラブシーンとか、した？」

「ええ、しましたよ。監督から『実際にやってみてくれ』って言われて、男同士でディープキスを」

「へ〜。……躊躇《ちゅうちょ》なく？」

「はい、躊躇なく」

「他には、どんなことをしたの？」

私は興味津々である。

「宗教団体が出てくる映画を撮る時、小南さんと二人で潜入取材しましたね。池の水に頭を浸けられました」

けろっとした顔でそう語る森井さんが、すごくピュアに見えた。

父の伝言

十二月九日の午後、私は横浜市の港南台にいた。助監督の小南さんからもらった地図を頼りに歩いていくと、日当たりのいい住宅街の路上に、ロケの車両が停まっていた。そこで、前日から「典子の実家」のシーンの撮影が行われていたのだ。

私の実家は、築六十年の木造で古びているが、映画の実家は新しくて、きれいだった。玄関に入ろうとすると、窓の向こうに、私の父母を演じる、鶴見《つるみ》辰吾《しんご》さんと郡山《こおりやま》冬果《ふゆか》さんの姿が見えた。お二人は、窓越しにチラッとこちらを振り返ったと思ったら、玄関にすっ飛んで出てきてくださって、

「どうぞ、中へ」

と、招き入れてくださった。ご挨拶をして、ソファにかけた。なんだかお宅訪問みたいな気分である。

「どうです。ここが典子さんの実家です」

広さや家具の配置こそ違うけれど、壁にはユトリロ風の風景画が飾られ、母が裁縫道具を入れていたのとそっくりなソーイングバスケットがさりげなく置いてあり、どことなく親しみを感じる。

隣に「母」の郡山さん。そして、向かいに「父」の鶴見さんが腰かけていた。

「昨日、ここで撮影したシーンもよかったですよ」

と、鶴見さんがおっしゃった。それは、父と母と典子と弟、それに遊びに来た美智子も一緒に居間でおしゃべりしている、どこにでもある家族の団欒《だんらん》の場面だった。

「あの日、お父さんは幸せだったんじゃないかなぁ……」

「そうですか？　そう言っていただけて嬉しいです。ありがとうございます」

私はその時、鶴見さんの言葉を、挨拶のように受けとった。

けれど、それは上辺だけの言葉ではなかったのだ。鶴見さんはじっくりと味わうように、こう言った。

「うん、僕は本当に、お父さん、幸せだったと思うんだ。あの日、家族がそろって、親戚の美智子ちゃんも遊びに来てくれて、みんなでおしゃべりして……。あれは、人生のご褒美のような時間ですよ」

そして、真面目な優しい目で、

「僕たちは、幸せというものを、一生懸命に努力して成果を上げたり、何かを勝ち取ったりすることだと思いがちだけれど、実は、こういう日々の暮らしの、何気ない時間の中に本当の幸せはある。……そして、そういうことを表現するのが、僕ら役者の仕事なんだなぁ〜、なんて思ったんです」

「……………」

「お父さんは、すごく幸せでしたよ」

その言葉は、まるで父からの「娘に伝えて欲しい」という伝言のように、胸にしみた。

「そうか……、父は、幸せだったんですね……」

声を発する先から、涙声になってしまう。

俳優とは、なんて不思議な仕事だろう。樹木さんの肉声も、鶴見さんの言葉も、なぜか私が気づかなかった「武田先生」や「父」の気持ちを代弁してくれる。俳優は、人の思いを掘り起こし、生き返らせる仕事なのかもしれないと思った。


メイクの女性が呼びに来て、鶴見さんは部屋を出て行った。

私は、郡山さんとお話ししていたが、やがてメイクを済ませて居間に戻った鶴見さんを見て、目を離せなくなった。

痩せ型で骨っぽく、白いものが増えた髪を七三に分けて、にこにこ微笑んでいる鶴見さんは、ドキリとするほど父に似ていた。

私は後に、この映画を観た家族や親戚たちから「お父さん、似てたね~」という声をたびたび聞いた。「似てる俳優さんを選んだんだろうね」とも言われたが、吉村プロデューサーにも大森監督にも、父の写真を見せたことはなかった。

今でも映画を観てくれた人たちの口から、「お父さん、喜んでいるよ」という言葉をいただく。私にはそれが、父からの伝言のように聞こえる。

床の間の茶花

季節ごとの上生菓子と干菓子は、和菓子屋さんに特注し、作っていただいた。画面に出るものも、出ないものも、すべてである。菓子器の蓋を開けるシーンがあっても、なくても、器の中には上生菓子が入っていた。

問題は、床の間の花だった。茶人が好む花の多くは山野草《さんやそう》である。野に咲く花の命は、切ったその日限りか、もってもせいぜい二、三日。しかも、今の季節は本格的な寒さに向かう初冬なのだ。貝母《ばいも》、蛍袋《ほたるぶくろ》、鷺草《さぎそう》といった春夏の草花は、どこにもない。

この難題に、テレビ、映画、CMなどメディア業界の仕事を手がける花屋さんが当たってくれた。

花菖蒲《はなしょうぶ》も紫陽花《あじさい》も、生花を揃えてくれた。

「紫陽花は、オランダから輸入しました」

と、聞いた。

苧環《おだまき》、貝母などの山野草や、木槿《むくげ》は、造花を使うことになった。

私とK子さんは台所の隅で、造花を矯《た》めつ眇《すが》めつして、

「う〜ん……」

と、考え込んだ。本物に似せて作られてはいても、やっぱりどこか不自然に見える。

「なんか違う。どこが違うんだろう?」

「あ、葉っぱだ! 貝母って、葉っぱが蔓《つる》みたいにクルッと巻いてるのよ」

とか、

「この宗旦木槿《そうたんむくげ》、何だかハイビスカスっぽくない?」

「わかった! 花びらの先端が尖ってるのよ。ここを鋏《はさみ》で切ろう」

などと言いながら、台所の隅っこで、

「どう?」

「うん、だいぶ本物っぽくなってきた!」

と小細工をした。

幸いにも、椿《つばき》が咲き始める季節だった。椿は、冬から春の茶花《ちゃばな》の代表である。

私は、道端の植え込みで見つけた「加茂本阿弥《かもほんなみ》」という白い椿の膨らんだ蕾《つぼみ》を二、三輪現場に持って行き、花屋さんに見ていただいた。

「お茶室では開いた椿は使わないんです。ちょうどこのくらいの、膨らんだ蕾を使います」

その蕾を見るなり、花屋さんは即座に「なるほど、これはいい椿だ！」と、茶花の美しさをわかってくれた。

「椿の蕾には、『照り葉《てりは》』と呼ばれる枝を添えることが多いんです。たとえば、ドウダンツツジや土佐水木《とさみずき》などの色づいた葉が、『照り葉』としてよく使われます。でも、新年になったら、もう『照り葉』は使いません。春に向かって新芽のついた枝を使います」

と、言うと、

「それじゃ、この枝はどうです？」

「これは、西洋っぽいから、茶花には向きません」

「向こうの枝は？」

「あ、あれはぴったりです」

花屋さんは、私とK子さんのうるさい注文にも、嫌な顔をせず応えてくれて、

「いやぁ〜、この仕事をさせていただいてから、景色が違って見えてきました」

と、言ってくれた。私は嬉しくて、心の中で小躍りした。

そうなのだ。お茶は、見える景色を変える……。


床の間の花が、うまくいくと、私は心の中で念じた。

(今日の花はいいのよ。監督、お願い！ アップで映して！)

ところが、その念が通じない。背景に、ぼんやり映るだけか、影も形もなかったりする。映画に映るのは氷山のほんの一角なのだ。ほとんどの努力は水面下に沈んでしまう。だけど多分、それもただの無駄ではなかったのだろう。壁の裏側のカレンダーや表彰状も、蓋を取らなかった菓子器の中の上生菓子も、映らなかった床の間の花も……、水面下に映らなかったものが山をなしているからこそ、氷山の一角は水面に浮き上がってみえるのだ。

もしも壁の裏ががら～んとして、菓子器の中も空っぽだったら、映像のどこかにうそ寒い虚しさが漂ったかもしれない。

映っているものの何十倍も、映らなかった努力や工夫があった。映画の裏方は、映っても映らなくてもちゃんと世界を作り込む。それをきっとどこかで、映画の神は見ているのだ。

マンサク

撮影の合間に台所に行ったら、制作進行の女性が、何やら内職のような手作業をしていた。名刺サイズの、黄色いプラスチックのような薄い板状のものを、ハサミで細いひも状に切り分けている。

それを横目に見ながらお茶を飲んで、私はモニターの前へ戻った。

三十分ほどして、台所を通りかかると、彼女はさっき切り分けていた細いひも状の黄色いものを、針金で結んで小さな束にしていた。束はもう、二十か三十くらい出来ていた。その結わえた根元を、赤紫色に色づけしてある。

(何しているんだろう?)

と思いながら、私はまたモニターの前へ戻った。

さらに三十分後、台所へ行くと、彼女は石油ストーブの前に座っていた。ストーブの上に網を置き、そこにさっきの小さな黄色い束を載せ、弱火で焙《あぶ》っていた。網の上の黄色い束が、熱でゆっくりと捩《ねじ》れ、縮れて、広がっていく。

それを見た瞬間、わかった。

「これ、マンサク！」

すると、黙々と下を向いて手作業をしていた彼女がパッと私を見て、顔を輝かせた。

「マンサクに見えます⁉」

「見えます。これ、マンサクですよ」

彼女は、後ろに立っていた男性のスタッフを振り返って「ねえ、これ、マンサクだって！」と、声をかけ、

「あぁ〜良かった！　誰もマンサクを見たことがないんで……」

と、嬉しそうに笑った。

マンサクは、一月二月の寒風の中で、他の花に先駆けて咲く。早春に「まず咲く」から、この名になったとも言われる。映画の後半に登場するが、撮影期間には、まだ咲かない。助監督は植物園に「なんとか撮影中に、マンサクを咲かせて欲しい」と頼んだそうだが、間に合わない場合のために造花を作ることになったらしい。

葉のない枝に、捩れた紐のような黄色い花びらの束が付けられて、茶庭のつくばいの向こうに立てられた。それは、どこから見てもマンサクに見えた。

夕暮れの稽古場

助監督の小南さんは、よくノートパソコンの画面をじっと見ながら、「あと二分！」「もうちょっと、待って。あと、一分！」と、現場に何か指示していた。一体何をしているのか、私とK子さんにはわからなかった。が、ある時、

「あ〜、もうすぐこの雲の切れ間が来るから……」

と、呟くのを聞いた。彼は、気象衛星ひまわりからリアルタイムで送られてくる画像を見ながら「あと、何分で陽が出る」「あと、何分で雲が来る」という情報を発信していたのだ。

雲と雲の切れ間をぬって、晴れた日のシーンを撮影したり、雲がかかるのを待って、夕暮れのシーンを撮影したり、時には、天候に合わせて、撮影の順番のテレコ（入れ替え）を指示するのも、チーフ助監督の仕事だった。

「日没は、四時二十九分です！」

と、小南さんが言った。

それは、夕方のシーンの撮影だった。黒木さんが先生の家の玄関に駆け込んできた。稽

古が終わり、生徒はみんな帰った後で、三和土の隅に、先生の下駄だけが残っていた。

「こんにちは〜！」

と、声をかけると、

「はい、あれぇ〜？　典子さん？」

と、奥の方で先生の声がする。

「やっぱり落ち着かなくて、お茶飲みに来たんですけど、遅かったですかね？」

すると、先生が玄関に現れ、

「あ〜、いらっしゃい、いいわよぉ。どうぞお上がんなさいな。今、お茶点てるから」

その段取りを見ながら、遠い昔の入社試験の前日を思い出した。あの日私は、「明日は試験だから、サボります」と電話してお稽古を休んだのに、家にいても落ち着かず、何も手に付かなかった。こんなことなら、お稽古に行けばよかったと後悔し、居てもたってもいられなくなって、夕方、走って先生の家に向かったのだ。

段取りで樹木さんは、いつものようにセリフを何度か言い変えた。初めは、台本のまま「あら、いらっしゃい」だったが、「あら、典子さん？」に変わり、そして、「あれぇ〜？　典子さん？」になった。

最初は、まるで典子が来ることを予想していたように、次は、来ないはずだったのに来たことに驚いたように、そして最後は、来るかなと思っていたが来なかった、と思っていたところに、突然やって来たという歓びへと、人を待つ思いが変化していく。

その声を聞きながら私は、夕暮れの玄関を見ていた。

マスコミ取材と、ご近所の応援

十二月半ばのある日、マスコミや配給会社の人が大勢やってきた。セッティングの合間に、セットの玄関先や、路地のあたりで、黒木さんと樹木さんの写真を撮ったり、インタビューしたりしている。

そういえば、撮影現場で衣装のままインタビューに答えている俳優をワイドショーなどで見るが、こうやって撮影の様子をマスコミに公開し、少しずつ宣伝を始めるのか……。

このロケ現場は静かな住宅街の中にある。当初、ご近所の人たちは、この大谷石の塀の向こうで何が行われているのか全く知らなかった。撮影が始まって二日目、私とK子さんが、セッティングの合間に道路で立ち話をしていたら、「中で何やってるの?」と、そばに立っている男の人に声をかけられた。黒いダウンを着た人だったので、てっきりスタッフだろうと思っていたが、通りの向こうのラーメン屋のご主人だった。

「いえ、何も」

K子さんが機転を利かせてその場をごまかし、ラーメン店主は「ふ〜ん」と言いながら、去って行った。

けれど、連日、大勢のスタッフが出入りするのだから、やがて「あそこで映画を撮ってる」と噂になるのも時間の問題だった。黒山の見物人になったら大変だなと心配していた。

ある日の夕方、撮影を終えた黒木さんがワゴン車に乗り込むと、通りの向こうで二人、お隣の建物からも数人が出てきた。お隣は高齢者向けの施設である。そこの職員の方々が、路肩に並んでワゴン車に手を振り、黒木さんを見送っていた。

その数日後、台所のテーブルに「あんぱん」がたくさん積まれ、テーブルの前に、「差し入れをいただきました」とお隣の施設の名前が書かれていた。

樹木さんの妹の荒井昌子さんも、ちょくちょく樹木さんの控え室に来られて、私たちと一緒にモニターで撮影を見たり、底冷えする日に、大きな鍋に温かいお汁粉を作って現場に差し入れしてくださったりした。

ご近所の温かい見守りや協力を、何かと感じる現場だった。

モニターの前に並んで座っている私とK子さんを見て、ある時、樹木さんが、

「あなたたち、毎日ここに通って大勢のスタッフと一緒にいるから、撮影が終わったら、きっと寂しくなるわよ」

と、言った。

言われてみれば、もう撮影の中盤を過ぎていた。

出演者たちは、出演シーンの撮影がすべて終了すると、「○○さん、オールアップです！」というスタッフの声と拍手で送られる。出演シーンが一日だけで終わったとしてもだ。そうやって、一人一人、撮影現場から去っていく。

ある日の夕方、その日の撮影と翌日の準備を終え、助監督の小南さんに、

「私たち、もうハケちゃっていいですか？」

と、訊いた。小南さんは、「現場の言葉にも、慣れてきましたね」と、笑いながら、

「ハケちゃってください」

と、言った。「ハケる」とは、道具を片付けたり、舞台から登場人物がいなくなること。

転じて、「帰る」という意味だ。

その日の帰り道、駅まで並んで歩きながら、K子さんが、

「数えてみたら、あと残り六日なのね……。『撮影が終わったら寂しくなるわよ』って、樹木さんがおっしゃったけど、私、今からもう寂しいわ」

と、言った。

だけど、私はまだ「寂しい」まで行きつけなかった。なぜなら、この先に越えなければならない山がある。樹木さんの濃茶の稽古がこれからなのだ……。

一期一会

ある朝、茶室の手前にある「寄り付き」の六畳間に、初めて見る女優さんたちが十数人、着物姿で集まっていた。その生徒の中に、鶴田真由さんのお顔があった……。鶴田さんの役は、典子の憧れの先輩「雪野さん」。きりりとして、白いお着物が良く似合う。

「茶事」の稽古の朝、先生が、生徒を前に心構えを語る場面だった。

樹木さんは、いつものように、まわりを笑わせながら登場した。段取りが始まった。傍らに置いた台本のセリフを樹木さんが読む……。

「今までのお稽古は、お茶事をするためなの。お茶事は、お茶の集大成よ。ご亭主もお客も、それが『一期一会』の茶事だと思って、心を入れてするものですからね。みなさん真剣におやりなさいね」

「たとえ何度も、同じ亭主と客が集まって茶事を開いたとしても、その日と同じようには二度とならないのよ。一生に一度限りだと思って、やってくださいね」

私はあの日先生が言った言葉を原作に書いた。大森監督も台本にセリフとして書いた。

……なのに、そこに樹木さんの声が吹き込まれると、何だか違う意味に思える。

「その日と同じようには二度とならない」

この言葉が、特別な響きを持って聞こえた。

初釜の濃茶点前

それは突然やってきた。

「初釜《はつがま》」の撮影を翌日に控えた夕方、樹木さんの控え室に呼ばれた。

「お濃茶《こいちゃ》、見せて頂戴」

「……は、はい！」

入り口でそれを聞いていた助監督の森井さんがパッと動いた。

控え室の左右の壁際にはパイプ製のハンガーラックにびっしりと衣装がぶら下がっている。その衣装の林をかき分けるようにして、畳の上に、及台子《きゅうだいす》という大棚が運び込まれた。そして水指《みずさし》、杓立《しゃくた》て、建水《けんすい》、仕覆《しふく》に入った茶入れ。金銀の嶋台《しまだい》茶碗など……。

樹木さんは椅子に座って、森井さんと萬代さんが道具を運びこみ、てきぱきと置き合わせるのを眺めながら、

「あなたたち、ちゃんとお茶の稽古をしたから、さばきがいいわね〜」

と、感心している。

道具がすべて運び込まれると、私は道具の位置を確認し、棚の正面に向かって居前《いまえ》を正した。静かに呼吸を整え、「では、始めます」と、言った。

「どうぞ」

その低く厳《おごそ》かな声は、さっき助監督たちに感心して話しかけていた人の声とは別人のように聞こえた。樹木さんはいつの間にか衣装の林を背に正座し、抜き身の刃のような眼差しを私の手元に向けていた。

その厳しい視線に緊張し、私は初《しょ》っ端《ぱな》で手順を間違えた。

「あ、すみません。やり直します」

「………」

「張りつめた空気」という表現を、私はこれまで随分使ってきたけれど、本当に空気が張りつめると音が聞こえることを初めて知った。まるで窯《かま》から出したばかりの薄いガラスが鳴るように、ピキン！　ピキン！　と、音がした。

樹木さんは何も言わず、冷徹な眼差しで私の手の動きをじーっと見つめながら、メモを書きなぐる。

肌がヒリヒリするような沈黙の中で、私がお湯を注ぐ音や、茶筅《ちゃせん》を振る音と、樹木さんが猛然と鉛筆を走らせ、勢いよくメモのページをめくる音が、ぶつかり合って火花を散らしている気がした。

点前が終わった。

「もう一回、見せて頂戴」

樹木さんは低い声で言った。

「はい」

私はもう一度、最初から点前を始めた。書きなぐる鉛筆の音、紙をめくる音が、今度も続いた。二度目の点前が終わった。

「もう一回、見せて……」

私は三度、点前を繰り返した。その三度目が終わった時、樹木さんは、

「それじゃ、今度は私がやるから見ててね」

と、言って、私と入れ替わりに、棚の前に座った。

「始めます……」

「では、杓立てから火箸《ひばし》を引き抜きます。左手に持ち変えて手を伏せ……棚の脇に少し出して置きます。……茶入れを右に寄せて……金の茶碗をとって、置き合わせます。それから建水を両手で取って……」

私は横に座り、手順を説明しながら、樹木さんの手の動きに驚いた。その手は、私の説明より先に動いていく。樹木さんはもう点前の流れをつかんでいたのだ。何度か、ふっと手が止まり、迷う場面があったが、私が「水指《みずさし》の蓋」などと言うと、すぐに動き出す。お点前が最後まで終わった。

「もう一度、やるから見てて」

樹木さんは、そのまま二度目の点前を始めた。もうほとんど手が止まることはなかった。

私は自分の目で見たものが信じられなかった。恐ろしい記憶力……。いや、樹木さんは「順番」を記憶したわけではないような気がする。信じがたいが、私の点前を丸ごとコピーし、再現しているように見える。

二度目のお点前が終わると、樹木さんは、「もう一回、やります」と、言った。

そばで見ていた森井さんが「何も言わずに見ていてください」と私に耳打ちした。私は黙って見ていた。点前の精度が上がっている。

樹木さんは三度目の点前を終えると、

「わかりました……」

と、静かに頷いた。

(えっ、これでおしまい?)

呆気にとられた。

明日は撮影。このまま、本番を迎えるのだろうか……。

樹木さんは、器に汲んだ水をこぼすまいとするかのように、そっと立って、一切おしゃべりもせず、そのまま愛車オリジンを運転して帰ってしまった。

……K子さんが、黒木さんと多部さんの稽古の後で言ったことを思い出した。

「私の動きを見て、すぐ同じようにできるの。女優さんて、そういう能力に長けている人たちなのね」

吉村プロデューサーも、「能力」という言葉を使った。

「空間認知能力が飛びぬけているんですよ、あの人たちは」

空間認知能力とは、物の位置、方角、姿勢、形状などを一瞬にして正確につかむ能力だ。その秀でた能力で人の動きを的確につかめるとしても、たった三回見ただけで、濃茶の点前を丸ごとコピーするなんて、神業だった。


撮影当日、現場では着々と準備が行われていた。

床の間には、初釜《はつがま》の席に掛けられる「春入千林處々花《はるはせんりんにいるしよしよのはな》」の軸と、白木の三方に載せられた小さな金の米俵が三俵。そして、床柱には青竹の花入れが掛けられて、そこに紅白の椿の蕾と、結び柳のたわわな枝が入るのを待っていた。

初釜に参加する生徒役の女優陣も、華やかな着物姿でスタンバイしていた。

台所では、小道具の今村昌平《しょうへい》さんが黙々と初釜のもてなし料理を作っていた。お盆の上には、黒い縁高《ふちだか》とお椀が並び、手前には両細の箸と朱塗りの盃が置かれている。今村さんが、お椀の蓋を開けて見せてくれた。お椀の中味は映らないのに、ちゃんと京風の白味噌仕立ての鴨雑煮である。漆塗りの縁高の中にはくわい、菊花《きっか》かぶ、ごまめ、黒豆と長老喜《ちょろぎ》などが盛りつけられ、黒豆には丁寧に松葉が刺してある。

「そこ、通りまーす!」

外から細長いパイプのような機材が次々に運び込まれてきた。ガチャン、ガチャンと連結されて、畳の上に長いレールが敷かれた。そのレールの上に、カメラが設置された時、心が躍った。颯爽と町を歩く女優を、レールに載せたカメラが移動しながら撮る撮影風景をテレビで見たことがある。このカメラは、畳の低い位置をゆっくり移動しながら、初釜のお点前を撮影するのだ。これもまた、カッコいい……。

いよいよこれから濃茶点前の撮影が始まる。

その時、樹木さんが控え室から小走りに出てきて、「ちょっと」と、私の手を引っぱり、及台子《きゅうだいす》の前に連れていかれた。

「やるから見ててよ」

「わかりました」

本番直前のおさらいである。

「火箸は、もう少し下を通りましょう」

などと、小さな注意を一つ、二つ。あとは完璧だった。

数あるお点前のシーンの中の大一番が始まる……。

生徒役の女優たちも席について、準備はすべて整った。

監督の「よーい……」の声に、まわりは風のない湖面のように静まった。

「スタート！」の声が、芝居の柝《き》の音《ね》のように聞こえた。

モニター前に集まったスタッフたちは、身じろぎもしなかった。私は両手をギューッと強く握りしめたまま、頭の中で樹木さんと一緒にお点前をしていた。

カメラは、居並ぶ着物姿の生徒たちの後ろをゆっくりと移動しながら、樹木さんのお点前を撮っていく。

モニターをじっと観ながら、私は樹木さんの所作の端々に、なぜか武田先生を感じた。仕覆《しふく》の口を広げて、着物を脱がせるように茶入れを取り出す時の、小さくて大切なものを扱う指の動き。帛紗《ふくさ》で茶入れを拭き下ろす時の、右肩で一瞬止まるタイミング。たっぷりと汲み上げた湯を、嶋台茶碗へ運ぶ、ゆるやかな動線。

長い長いお点前だった……。そして、

「カーット!」

監督の声がかかった。

その直後、樹木さんが「大丈夫だった?」と、こちらを見た。

「茶道、OKですか?」

大森監督と助監督も、同時にこちらを振り向いた。

「OKです!」

一発OK。その瞬間、息もせず見守ってきたモニター前のスタッフから、「はぁ〜」と、一斉に安堵のため息が漏れた。

人間業ではないものを見た気がした。

集中から解き放された樹木さんは、急によれよれとして、「あ〜、疲れた」と、呟いた。


難航したのは、別撮りの、濃茶《こいちゃ》を練る樹木さんの手のアップの撮影だった。

カットがかかった途端、K子さんと私は「練りが足りません」と手を上げた。

薄茶《うすちゃ》はサラサラと点てるが、濃茶はたくさんの抹茶を茶碗に入れ、適量のお湯を注いで練り混ぜる。お湯も、一度に全部入れるのではなく、二回に分ける。最初にお湯とお茶を、ダマができないように気を付けながらよく練り混ぜて、二回目のお湯を必要な分量だけ注ぎ足して、細かく練り、とろりとした濃茶にする。

「樹木さん、もっと練ってください。今の三倍の回数、練るつもりで」

撮り直しになった。しかし、二度目もまだ練りが足りない。

「樹木さん、もっともっと練ってください。手首を使って、ココアを溶くように。途中で、お茶の感触が変わりますから、それを感じてください」

と、説明したが、樹木さんは「それがわからないのよう」と言う。

「あなた、私の前でサインを出してくれない？」

「よし！　ここに台を置こう」

大森監督が、カメラのすぐ脇に、蜜柑《みかん》箱のような台を置かせた。

「森下さん、ここに座ってください」

「はい」

私は蜜柑箱に腰かけて、樹木さんにサインを出すことになった。

「私が右手首をぐるぐる回している間は、練り続けてください。一度、手を下ろしますから、そしたら、お湯を少し足してください。その後、また手首をぐるぐる回しますから、その動きが止まるまで練り続けてください」

「よーい……スタート！」

カメラが回り始めた。私は無言で手首をぐるぐる回し続けた。樹木さんが時々顔を上げ、私を見て、（まだなの？）と、目で訊いてくる。

私は（まだです）と、首を横に振り、手首を回し続けた。

（え、まだなの？）と、びっくりしたような目の樹木さん。

（まだです）と、私。

やがて、大森監督も（えー？　まだなんですか？）と、私に驚きの目を向ける。

（まだです）

一度、手を下ろして、少し湯を足すサインを出した後、私はまた手首をぐるぐる回した。

樹木さんと監督が、代わる代わる、目で訊いてくる。

（まだなの？）

（まだです）

（まだですか？）

（まだです）

やがて、モニターに映るお茶の深緑に、トロリとした艶が出てきた。私はそっと手を下ろした。

「カーット！」

と、監督の声がした。

「ＯＫですか？」

「ＯＫです」

その途端、樹木さんは、後ろにお尻をついてへたり込んだ。

「あ〜、大変だった。もうくたくたよお」

そう言って、やっと立ち上がると、

「終わったら、脱ぎ捨てるようにぜ〜んぶ忘れるの。もうなんにも覚えてないわ」

と笑いながら控え室に引き上げて行った。

特殊車両、出動

映画の中ではラストシーンとなる「初釜の朝」の撮影の日、いつものように現場に入った。茶室に目をやった途端、私は立ちすくんだ。

一夜にして世界はガラッと変わっていた。庭は一面の雪景色である。たちまち、体感温度がスーッと下がった。

立ちすくむ私を見て、

「徹夜で降らせました」

と、助監督の小南さんが得意そうな顔をした。雪を降らせる特殊車両が出動し、美術スタッフが夜中から準備したのだそうだ。

雪が積もって、しーんとしている。どこか見知らぬ雪国の宿にいるような不思議な心持ちだった。植え込みや門柱の上に、丸く綿帽子のように雪が積もり、つくばいに掛けたままの柄杓の細い柄にも、赤い実をたわわにつけた千両《せんりょう》の葉の上にも降り積もっていた。

段取りが始まり、女優たちが席に着いた。二十歳でお茶を習い始めて二十四年の時が過ぎ、四十代になった黒木さんは、しっとりとした落ち着きを身にまとって、静かに微笑みながら座っている。そして八十八歳になった先生の樹木さんは……。

入っていらしたその姿を見て、隣でK子さんが囁《ささや》いた。

「あっ、小さくなってる……」

樹木さんの体は、二回り縮んでいた。着物の襟の中で体が遊び、首のすぐ下に帯が迫っている。

着物の中に小さな体をこそっと入れ、座っている樹木さんは、かわいく、上品なおばあさんだった。

その夕方、台所で茶道具を片付けていたら、外で大声がして、ものものしい雰囲気になった。大雨のシーンの撮影が始まった。外へ出てみると、消防車のような特殊車両がやってきて、茶室の庭にも屋根にも路地にも、土砂降りの雨を降らせている。

ダダダダッと雨が激しく軒を打つ音の中で、「行け！　もっと行け！」と、大森監督が叫んでいる。師走のかじかむような寒さの中で、頭から全身ずぶ濡れになって撮影機材を抱えている若いスタッフの体から、もうもうと湯気があがっているのが見えた。

三溪園のロケ

撮影の最大の山場、大寄せの茶会シーンの撮影が迫ってきたある日、プロデューサーの吉村さんと近藤さんが、現場の隅でなぜかバタバタしていた。

ロケの場所は、横浜市中区の三溪園《さんけいえん》。明治時代の実業家で大茶人だった原三溪《はらさんけい》が残した日本庭園である。五万坪の広大な園内に、京都や鎌倉から移築された歴史的名建築が点在している。映画のお茶会シーンは、この三溪園の中の鶴翔閣《かくしょうかく》を借り切って撮影されることになっていた。鶴翔閣は原三溪の居宅だった木造建築で、広間、客間、茶の間、控えの間などがいくつも並び、広々とした廊下が走っている。

「エキストラが足りないんです」

三溪園の朝の門前を埋め、鶴翔閣の広間や長い廊下を埋め尽くす着物姿の女性、二百名が必要だった。

インターネットのエキストラ公募サイトには「お茶会シーンのエキストラ大募集」の告知を出し、映画の公式Twitterでも「お茶人の皆様　エキストラの大募集です。ふるってご応募ください」と、呼びかけていた。表千家にも応援をお願いして、支部の方々にお声がけをいただいた。

が、ぎりぎりになって、人数が足りない……。

プロデューサー二人は、あちこちに電話をかけまくり「お願いします」「すみません」と頭を下げていた。

十二月十八日。底冷えする朝だった。

三溪園に私が着いたのは、午前五時前。あたりはまだ暗く、武家屋敷のような大きな正門は閉じられて、その前には誰もいなかった。

エキストラの参加条件は、

「お茶人らしい色無地か小紋《こもん》などの自前の着物姿で、髪もセット済みで参加できる人」

「撮影時間は、早朝から夕方まで」

「参加記念品がありますが、交通費、参加費はなし」

この条件で集まってくれる人が、どれだけいるだろう……。

入場券売り場の前にしばらく立っていると、正門横の駐車場から着物の女性が一人現れて、「おはようございます」と、声をかけてくれた。

「三溪園の職員です。今日はエキストラに参加させていただきます」

「どうもありがとうございます」

心から頭が下がった。

ふと見ると、薄暗い通りの向こうから、道行《みちゆき》姿の着物の女性が一人、こちらに歩いて来るのが見えた。

間もなく、タクシーが滑るようにやってきた。少し手前で停まり、ドアが開くと、着物の人が一人降りた。

さらに、ワゴン車がやってきた。中から二、三人……。

徒歩で、タクシーで、自家用車で、徐々に人が集まって来た。

あたりが白み始めた頃、着物の女性で満員の大型バスがやってきた。窓からたくさんの笑顔が見える。樹木さんに「秘密の特訓」をしてくれた観世さんが、知り合いやお友達のグループ数十人に声をかけ、都内から大型バスを借り切って、エキストラに参加してくださったのだ。

正門前は、着物の女性でいっぱいになっていた。

大勢の中に、親友の顔を見つけた。美容師の彼女は、店のお客様に声をかけ、参加してくれる人に着付けして駆けつけてくれた。彼女のお客様の一人は、「最初は、お断りしたんですが、主人に話したら、『お前、何を言ってるんだ。エキストラなんて、いい冥途《めいど》の土産だ。行ってこい』と背中を押されました」と言って、頬を赤らめた。

武田社中の仲間の顔が見える。鳥海さんもいる。自分の生徒がいる人は、それぞれ声をかけ、生徒さんたちを連れて参加してくれた。

お茶の講習会や、デパートでの茶道の催《もよお》しでご一緒したことのある人たちのお顔も見える……。

早朝の門前で、数人ずつのグループになって、着物の女性たちがおしゃべりしている光景は、本当の茶会の朝みたいだ。

いつもなら、ここで「まーまー、○○先生」「まー、お久しぶり。今日はどなたと?」などという挨拶が交わされるのだが、今日はいつもの茶会とは違う高揚と緊張がある。

最前列のグループに、ひときわ目立つ女性が二、三人いて、

「私、大森監督の作品は全部観ています」

と、声高にアピールする。

「あの大森監督がお茶の映画を撮るって聞いて、驚きました」

きっと女優さんなのだろう。

他のほとんどの人たちは、エキストラに参加することも初めての様子だ。

「着物、これで大丈夫かしら」

「数寄屋袋《すきやぶくろ》、友達から借りてきたわ」

「ねえねえ、あのショールを掛けている人、すごく上品で雰囲気あるわね。きっとすごいお茶の先生ね」

などとおしゃべりが聞こえる。

やがて、監督、助監督、カメラや録音マイク、脚立などを持ったスタッフたちがやってきて、エキストラの方々に段取りの説明を始めた。

茶会の朝の女性たちの華やいだ高揚感を撮ろうとしている。

「あなたは、ここで、まーまー、と言ってください」

監督からセリフを指示されたのは、あの女優らしき人だ。

女たちのざわめきの中で、「まーまー」という声がいやがうえにも高く門前に響いた。

その時、急に、あたりが静まった。いつの間にか、門の前に、樹木さん、黒木さん、多部さんが立っていた。

全員の視線がいっせいにそこに集まった。

「………」

樹木さんは、エキストラの人たちの方を向いて「おはようございます」と挨拶し、

「あの、シウマイ弁当だけですけど……申し訳ありません。じゃあ、お待たせしました」

と、まわりを笑わせ、たちまち空気を和ませた。

本番は、練習よりがやがやと声があがり、人が入り乱れ、「まーまー」という掛け声もひときわ大きくなった。


女性たちが押し掛ける正門の脇に、知っている顔を見つけた。金井プロデューサーである。金井さんは「三溪園」と染め抜いた藍染の半纏《はんてん》を羽織っていた。

「金井さん、エキストラですか？」

「そうなんです。これを着ろって、言われて……」

その藍染の半纏が妙に似合って、本物の三溪園の職員に見える。

いよいよ開門のシーン。正門が左右に押し開かれ、目の前に玉砂利《たまじゃり》を敷き詰めた傾斜の道が現れる。すると、着物姿の女性たちがその道を鶴翔閣へと走り出す。

私とK子さんは、道の脇に立って、「すごいね」と言いながら、土埃が舞い上がる道を見ていた。


撮影の舞台は正門前から、お茶会の会場である鶴翔閣へ移動していく。

日本庭園の大きな池に沿った玉砂利の道を、鶴翔閣へ向かって歩いていると、井土ヶ谷の撮影現場に来ていたお花屋さんが、椿の枝をどっさり抱えて、鶴翔閣から戻って来るのに出会った。

「お茶会のシーンの床の間には、『曙《あけぼの》』の蕾を……」

と、お願いしてあった。

数百種類ある椿の中でも、「曙」は淡い上品な桃色で、『枕草子』の冒頭の「春はあけぼの」にちなんで、早春の茶席に好んで使われる。茶会の席に似合う蕾を探すために、お花屋さんは、曙を沢山仕入れてくれたらしい……。

「いい曙ですね！　こんなに仕入れてくださったんですか？」

と、声をかけると、お花屋さんは言った。

「この三倍、仕入れました」

「えっ！」

鶴翔閣の前の車寄せから、大きな玄関に、ライト、カメラ、モニター、マイク、パソコンなどの撮影機材が続々と運び込まれる。長い廊下に沿って並ぶ日本間のあちこちに養生シートが敷かれ、工具を腰にぶら下げた工事屋さん風の照明や美術のスタッフたちが、脚立に上がり、てきぱきと照明などを設置していく。

それと並行して、広間では、お茶会の準備が行われていた。

お茶会の担当の先生が、このロケのために、実際にお茶会を開く支度をしてくださっていた。お弟子さんたちも協力してくださって、お道具もお菓子も、すべて実際の茶会と同じである。いつでも熱いお茶が出せるようにと準備が進んでいた。

掛け軸は「日日是好日」。表千家十三代家元、即中斎《そくちゆうさい》の花押《かおう》が入っている。

そして床の間の花は、お花屋さんが日本中から取り寄せてくれた中から選び抜いた、曙の蕾。ぽってりとした淡い桃色の蕾がほころんで、いかにも春めいている。

鶴翔閣の各部屋は、荷物置き場やエキストラのグループの控え室になって、華やかな着物の海だった。

広く長い廊下に女性たちが並んでいる景色は、まるで「大奥」だった。色無地、小紋、附下《つけさげ》……。手の込んだ刺繍の豪華な訪問着の人もいる。けれど、モニターの画面を通して見ると、手前の数列の人たち以外は、ぼんやりとした背景で、その後ろはマッチ棒の頭くらいにしか映らない。それもカットされてしまうかもしれない。

いつものようにセッティングに時間がかかり、待ち時間が延々と続く。本当のお茶会みたいに、廊下のがやがやとしたざわめきの中に、さまざまなおしゃべりが聞こえる。

「私、樹木希林さんを近くで見てみたいわぁ。お顔を見られたら、それだけでエキストラに参加した甲斐《かい》があるわ」

という声がする。廊下で、

「ずっと前に原作を読んだんです。映画化されるって聞いて、是非、協力したくて、北海道から来たんです」

という話し声が聞こえてきた。ありがたさに胸が熱くなった。

かと思えば、襖を少し開けて、中を覗いている二人の女性がいる。床の間の掛け軸を見上げて、

「ねえ、あの掛け軸の花押《かおう》、誰の？」

と、一人が言った。

「さぁ〜。あれ、裏千家のじゃない？」

いえ違いますと、私が答えようとしたその時、

「即中斎です」

どこかで、スパッと言い返す声がした。助監督の萬代さんだった。私は、頼もしいよう

な、嬉しいような、照れくさいような気分になり、つい顔が緩んでしまう。

茶道具の担当になり「これまでの仕事の中で、一番責任が重いっす」と言っていた彼の口から、このごろ、

「紹鴎棚《じょうおうだな》なら、水指は『捩《ね》じ梅《うめ》』ですね」

「僕は、高麗卓《こうらいじょく》より及台子《きゅうだいす》の方がいいな」

などという言葉を聞くようになった。

きっと助監督たちは、一本の映画にかかるたび、必要な知識を全力で吸収し、集中するのだろう。森井さんが、「僕は、お茶を愛してさえいます」と言ったように。

広間での茶会の撮影が始まった。なかなか決まらない「正客《しょうきゃく》」をめぐって、案内役の女性とお客の間で、

「どうぞそちらの空いているお席へ」

「とんでもない！　それは困りますっ！」

「どなたか、お正客お願いいたします」

と、毎度どの会場でも繰り広げられる問答が行われる。

そこから撮影は、お点前が終わった後の、お茶碗の拝見のシーンに移った……。

お点前も、お茶を飲むシーンもなかった。

助監督の小南さんに訊くと、

「カットです」

せっかく、お茶会担当の先生とお弟子さんが朝から準備してくださったのに……。

床の間の花は映っただろうか？

「カットです」

あんなにいい蕾を選んでくれたのに……。

がっかりすると、

「映画は残酷なものです」

と、小南さんは言った。


三溪園でのロケは、夕方暗くなるまで続き、撮影終盤の最大の山場が無事に終わった。

この日で、多部未華子さんの出演シーンはすべて終わり、多部さんは「オールアップ」の拍手と花束で送られた。

帰りのロケバスの中は静かだった。振り返るとスタッフたちが、ある者は首をうなだれ、ある者は仰向けになって、眠りこけている。たぶん、真っ暗いうちから準備にかかっていたのだろう。

窓の向こうに、山下公園と大さん橋の明かりを見ていたら、

「あと一日ね。寂しくなるわ……」

と、K子さんが言った。

最終日

十二月二十日、私は井土ヶ谷の撮影現場に着物で行った……。

「森下さん、ちょっと」

大森監督に呼ばれたのは、その前日のことだった。監督と樹木希林さんが何かこそこそ話し合っていた。

「何ですか?」

そばに行くと、樹木さんが、

「あなた、ここでお茶点てなさい。生徒の役で出るのよ」

「……私が？」

「そう。ヒッチコックも自分の映画に出てるでしょ？」

原作者が、喫茶店の客や、通行人の役で、ちらりと映画に映ることがある。映画化の記念に、樹木さんと監督が相談して、生徒役で出演させてくださることになった。

それは、どしゃぶりの雨の日の稽古の場面。井土ヶ谷の茶室での、最後の撮影シーンだった。

「生徒役、森下典子さんです」

と、紹介され、スタッフから拍手され、お釜の前に座った。

「茶筅通《ちゃせんとお》しをなさいよ」

と、樹木さんに言われ、いつものように茶筅通しをした。決まり通りに茶筅を三回上へ上げ、四回目にもう一回、茶筅を回したら、そばで見ていた樹木さんが、小声で、

「あのね、何度も同じことやらなくていいの。ちょっと端折《はしょ》って、茶筅を振るとか、しなさい」

「はい」

と、茶筅をサラサラ振る。

途中で、雨音がザーッと激しくなるシーンだった。監督の合図で、稽古場のみんなが、いっせいに窓の方に目をやる手はずになっていたが、私だけタイミングがずれ、一人遅れた。（しまった！）と思った……。

「カット！」

「ＯＫです！」

あれ？　と思う間に、突然すべてが終わった。

「これをもちまして、武田先生役、樹木希林さん、全出演シーンアップです！」

スタッフの間から盛大な拍手がわき起こり、吉村プロデューサーから樹木さんに大きな花束が贈呈された。

その直後、撮影の行われたこの茶室のセットで、全スタッフ集合して記念撮影が行われた。みんなが集まってきた時、樹木さんの細く、すらりとした手が、「こっちにいらっしゃい」と私の手を引っぱって隣に座らせてくれた。

「はい、撮りまーす！」

みんな笑顔だった……。

その瞬間、現場での十五日間が過去になった。流儀のわからない場所での居場所のない不安。カットがかかり、「茶道、ＯＫですか?」と確認されるたびに感じた、決断のストレス。そんな撮影現場も、これで終わりと思うと、急に寂しい風が吹く。

場慣れしない私に、なにかと気を遣ってくださった樹木さんに、お礼を言いたくて控え室に行ったが、もう樹木さんの姿はなかった。そこに、花束が置かれたままになっていた。

「忘れものです」

と、言うと、

「……いや、多分、ポリシーでしょう」

と、吉村さんは言った。


こうして、俳優が一人、また一人と去り、最後まで現場に残るのが主役だった。

最後の撮影は、二日後、千葉県の九十九里浜の海岸で行われた。

父親役の鶴見辰吾さんが、冷たい海の中にたたずみ、黒木さんが、雨にずぶ濡れになって叫ぶシーンだった。極寒の海辺で、しかも、特殊機材で雨まで降らせる……。

本番前、あまりの寒さに、黒木さんは冗談交じりに「この雨、必要ですか?」と、スタッフに訊いたそうだが、意を決し、大声で一声叫んでから、雨の中に飛び込んで行ったと、後日、吉村さんから聞いた。

武田先生にお借りしていたお道具類は、撮影の終盤から、萬代さんと森井さんが少しずつ車に載せて稽古場に運び込んでくれた。クランクアップ後、残りの道具類もお返しした。事故なく、すべて無事にお返しすることができたことに、彼らも私もどれほど安堵したかわからない。

稽古場の押し入れや棚に道具を納め、扉をパタンと閉めた時、私は肩のあたりがフッと軽くなるのを感じた。

その年のクリスマス、新宿で、スタッフ全員と出演者が大集合して「打ち上げ」が行われた。

撮影が終わり、平成二十九年の歳末は、静かに暮れていった……。

第四章　映画公開、そして……

ここからが映画

平成三十年の正月が明けた。

一月の第二週、例年のように、武田先生のお稽古場に生徒たちが晴れ着で集まり、初釜《はつがま》が行われた。

床の間のお軸は「春入千林處々花《はるはせんりんにいるしょしょのはな》」。青竹の花入れには、畳まで届く結び柳と紅白の椿。白木の三方に載せた金の俵が、床の間の中央に据えられていた。

及台子《きゅうだいす》も金銀の嶋台《しまだい》茶碗も、すべて撮影現場から戻ってきたものだ。

お膳が運ばれ、朱塗りの盃でお酒をいただき、会話が弾んでくると、三溪園のロケの話題に花が咲いた。エキストラに参加してくれた人たちは、興奮いまだ冷めやらぬ様子だった。

「黒木華さんも多部未華子さんも、きれいね～」

「今の女優さんて、顔がすごく小さいのね。びっくりしちゃった」

「私、樹木希林さんをすぐそばで見たって、親戚に自慢したわ」

「映画、いつやるの？」

「どこの映画館？　ご近所に宣伝するわよ」

と、矢継ぎ早に質問が来る。

だけど、公開がいつなのか私も知らない……。

年末に吉村プロデューサーから、

「これから編集に入ります。ここからが映画です」

と、聞いたが、その後、連絡はない……。


日常が戻ってきた。私は原稿を書きながら、家事や母の世話をしていた。

土手の水仙が咲き、先生の家の庭ではマンサクがよじれた花びらを開いた。

助監督の森井さんから「ラッシュ試写があるので、いらしてください」という連絡が来て、配給会社の小さな試写室に懐かしいスタッフの顔が集まったのは、一月末だった。

まだ映画として完成してはいない。音楽もついていない。シーンをつないだものを関係者が集まって観て、内容をチェックする試写だった……。

稽古のシーンが始まると怖かった。私は試写室の椅子のひじ掛けに、両手でギュッとつかまった。茶道と関係のないシーンになるとホッとする。

私は、このラッシュ試写で初めて、撮影されたストーリー全体を見た。それは、自分の人生を選択していく二人の若い女性の青春だった。一人は企業に就職し、やがて結婚して家庭を作る。もう一人は、悩みながら生きる道を探して物書きになり、失恋や父親の死という人生のできごとを経験する……。

私の物語は、大森監督の手で青春ドラマになっていた。

(そうか、あれは青春だったのか……)

迷い多き日々を、遠くに眺める気持ちになった。

映画化されることで、自分の描いた世界が変わってしまうのを嫌う原作者は少なくないという。その気持ちもよくわかる。……でも、私はやっぱり嬉しかった。

私の「日日」が、大森監督の「日日」になった……。旅に出たわが子の姿を見ているような気がした。

三月後半、再び森井さんから連絡が来た。

「『音録《おとと》り』がありますので、来てください」

車で連れて行かれた場所は、調布にある日活撮影所だった。その中の倉庫のようながらんとした場所に、録音の吉田憲義さんと助手の女性が待っていた。

コンクリートの上にじかに畳が一枚敷いてある。

「では、お茶を点ててください」

（えっ、ここで？）

と、戸惑いながらも、畳に正座し、薄茶点前をした。

帯に挟んだ帛紗《ふくさ》をシュッと抜き取る。ポンと塵打《ちりう》ちする。茶筅通《ちゃせんとお》しをする。濡れた柄杓《ひしゃく》の合《ごう》を蓋置《ふたおき》にコトリと置く。茶杓《ちゃしゃく》を茶碗の縁で二度軽く打つ。お釜の蓋をかすかに引きずる。湯の沸いた釜から「シ――」と松風が聞こえる……。そのたびに、手元に黒い録音マイクがヌ〜ッと近づいてくる。

驚いたのは、その後だった。私の点前が終わると、今度は、吉田さんと助手が、二人でお点前の音を再現し始めたのだ……。吉田さんが自分の胴に帯を巻きつけ、その帯をいきなりシュッと引き抜いた。そこから一気に、茶筅や茶杓、柄杓を使って、アッという間に

「お点前」の音だけを録音していく……。その見事な連携プレーに息を呑んだ。

初号試写

「いよいよ最終工程です」という吉村さんのメールを見たのは、東京の桜が開花した頃だった。そして、「大森組『日日是好日』初号試写」のお知らせが来た。

初号試写が行われたのは、ゴールデンウィーク直前。新緑の町に爽やかな風が吹いて、新しい季節の始まりを感じさせる日だった。お茶の稽古場を提供してくれた鳥海さんを始め、ロケに協力してくれた人や編集者など、たくさんの関係者が招待されていた。

会場で、鶴見辰吾さん、郡山冬果さんにお会いした。そして樹木希林さんの姿が見えた。樹木さんにお目にかかるのは、井土ヶ谷での最終日以来。少し痩せられた気がした。

完成した「日日是好日」が始まる……。試写室の照明がスーッと消えると、暗闇の中で、自分の心臓の鼓動が、妙にはっきり聴こえた。

川のせせらぎをタイトルバックに、美しい主題曲が流れ始めた。

「原作　森下典子」

いきなり出た自分の名前にビクッとした……。忘れたわけではなかったけれど、いつの間にか、撮影にスタッフとして参加したことの方が大きくなって、自分が原作者だということは遠くなっていた。

息をつめてスクリーンを観た。ハラハラし、ヒヤヒヤし、時々、「あ」と、小さな声が出た。お稽古場以外のシーンになるとホッとする。

だけど、会場では、時々笑いが起こり、そして、後半は、あちこちで鼻をすする音が聞こえた。

百分の映画が終わり、エンドロールが流れ始めた時、私はもう一つの物語が始まったような気がした。

スクリーンに次々に流れていく数えきれないほどの名前……。知っている名前が連なっていく。顔が浮かぶ。それは、まるで川のようだった。

こんなにたくさんの人たちが集まって、この映画を作ってくれたのか……。こんな気持ちでエンドロールを見るのは初めてだった。

真夏の京都で

「公開は十月十三日に決まりました。絶対、ヒットさせます！」

試写室を出たところで、吉村さんは両手のこぶしにギュッと力を込めた。

映画公開に向けて、本格的な宣伝活動が始まった。

樹木さんも自ら宣伝の先頭にたってくれた。

「この映画は宣伝費がないから、あなた手伝ってよ」と、樹木さんに頼まれた観世さんは、オフィシャル・アドバイザーとしてイベントの仕掛けに活躍してくれた。

編集者の島口さんは、原作の続編を企画していた。

「映画が公開されるころ、書店に続編を並べましょう」

夏までに原稿を書き上げなければならない。ゴールデンウィークが明けると、私は家に籠《こも》って執筆にかかった。

ハナミズキが咲き、公園の池の睡蓮《すいれん》が開いて、爽やかな初夏の風に吹き撫でられた水面が、キラキラと輝く季節になった。紫陽花が青く色づき、湿った空気の中に、甘いクチナシの香りが漂い始めた。庭の梅の葉陰で青梅が実っていたが、それをもぐ暇もなく、青梅はやがて黄色くなって、地面に落ちた。どんよりと厚い雲に覆われた空から雨が降り出し、来る日も来る日も、景色がかすんでいた。やがて梅雨が明け、いきなり猛暑が始まった。

吉村さんから、大きなイベントの連絡が来たのは七月半ばだった。

「京都で完成披露試写会を開くことになりました。試写会の前に、建仁寺《けんにんじ》で献茶式を行って、そこで記者会見をします」

「えっ、建仁寺で献茶式!」

献茶式とは、神仏や亡き人にお茶をお供えする儀式である。建仁寺は、鎌倉時代、中国から茶の種をもたらした栄西禅師が開山した名刹《めいさつ》で、京都五山の一つだ。その建仁寺で、栄西禅師にお茶をお供えしてから、この映画の完成披露試写会を開く計画が進んでいた。献茶式、記者会見、映画館での舞台挨拶には、大森監督、黒木さん、樹木さんが、きもので登壇するという。

「森下さん、いらっしゃいますか?」

本の執筆は、もう少しで終わる。

「うかがいます」

七月三十一日。その日の京都は、気温三十八度に達し、四条通には陽炎《かげろう》がゆらめいていた。建仁寺の控え室に入ると、桔梗《ききょう》色の薄物の紋付《もんつき》を着て、椅子に腰かけている樹木さんの後ろ姿が見えた。「樹木さん……」と、声をかけたが、お顔を見て、先の言葉が出なくなった。

急激に痩せて、面《おも》ざしが変わっていた。撮影中、八十八歳の先生を演じるために、体を小さく見せていた時とは、何かが違った。

「先生、私、よれよれよ。十キロ痩せて、七センチ縮んだの。もう、風前の灯火《ともしび》」

真正面からはっきり言うものだから、冗談みたいに聞こえるが、こちらはなんと返事したらいいのか、わからない。

その体で樹木さんは、ニューヨークで日本映画祭に出席して、前日、帰ってきたばかりだという。

「先生の着物、新しいのね。私、そういうのは着ないの。私のは大正時代の着物でね、古着屋で千円だったの。いいでしょ」

と、いつもと変わらずおしゃべりする。

すぐそばで作業しているスタッフも、観世さんも、吉村プロデューサーも、ふだんと変わらずふるまっているが、みんな心の中で何を思っているだろう……。

献茶式の後、建仁寺の大書院が記者会見場になった。大森監督、黒木さん、樹木さん、私の四人が並んだが、樹木さんはマイクを握って、他の誰よりも饒舌《じょうぜつ》だった。

「私は茶道の先生役だから、お点前の練習をやらなくちゃならないやらなくちゃならないって、ずーっと負担に思っていて……。プロデューサーが、僕もやりますからやってくださいようって言うまで延ばしに延ばして、結局、ばたばたと一夜漬けみたいな感じで練習しました。えらいできの悪いお茶の先生で、申し訳ありません」

「後期高齢者七十五歳になりますと、パッと覚えて……今は何も覚えていないんですね」

と、記者たちを笑わせ、また、

「私がもし縁があって、またこの地球上に生まれてくることがあったら、小さな茶室を設けて、夫と向き合って、静かにお茶を点てながら人生を送ってみたいなぁ～という気持ちにはなりましたね」

と、周りの期待に応える話をする。

会見の最後に、最前列にいた体格の大きな男性記者が「樹木さん、体調はいかがですか？」と質問した。

「あなた、顔に似合わず、控えめだったわね。もっと早く質問するかと思ったら、全然控えめね」

会場にいる記者がみんな、本当はその質問をしたがっていることを、樹木さんは元より見通していたのだろう。

「鏡を見て、あぁ、風前の灯火ってのは、こういうんだなぁと思って……。ですから、今度はいつお目にかかれるか、かかれないか、わかりませんので、どうぞそのようにご承知ください」

樹木さんは、独特のブラックジョークでその場を締めくくった。


その夜、三条にある映画館は、招待客で満員だった。

上映後の評判は上々だったと聞いた。招待客の方々が、とてもいいお顔で試写会の会場を後にされたと聞いて、みんなの意気も上がった。

その晩、鴨川の納涼床で、夕食会が開かれた。昼の熱気が冷めず、ぬるい川風が吹いていた。樹木さんは、着物からスタイリッシュな海外のデザイナーズブランドの黒いスーツに着替えて現れた。その席で、

「この映画、興行収益の目標はいくらなの？」

と、樹木さんが言った。隣にいた私は生々しい話にドキリとした。

向かいの席にいた金井プロデューサーが答えた。

「目標、十億です」

私は、そーっと樹木さんの横顔を盗み見た。実業家の顔になっている。

あの時、樹木さんは、頭の中で何を考えていたのだろう……。

訃報とスポットライト

樹木さんが大腿骨《だいたいこつ》骨折で入院したと聞いたのは、それから二週間後だった。

「映画はね、作っただけじゃあだめなの。知ってもらわないと」

そう言って、京都での試写会の後も、十月十三日の公開に向け、着物姿で黒木さんと対談したり、女性誌の表紙になったり、樹木さんは映画の宣伝のためにフル活動していた。

骨折して入院中、ゲスト出演するはずだった京都の「五山の送り火」のテレビ中継に病院のベッドから電話出演し、「うっかりあちらに送られる側になるところでした」と、自虐的なギャグを放ったと聞いた。

高齢者の大腿骨骨折は、寝たきりになる危険があることは知っていた。でも、樹木さんは回復されるだろう。すぐには歩けないとしても、きっと車椅子か松葉杖で、一緒に初日の舞台に立って、独特のしゃらーっとした物言いで会場を笑わせてくれるに違いない。そう思っていた。

九月半ばのある日、ネットを見て目を疑った。

「樹木希林、死去」

嘘でしょ……。樹木さんが死ぬはずはない。

急いでテレビのニュースを見ると、樹木さんのご自宅前を、黒い服の人たちが慌ただしく出入りする様子が映し出されている。そして、間もなく公開される作品として「日日是好日」の出演シーンが流れていた。

後日放送されたNHKの密着ドキュメントで、樹木さん自身が、がんが全身に転移していて、余命を「(医師から)今年いっぱいでしょう、と言われた」と語る場面を観た。

京都の試写会の時、樹木さんはもう自分の命が長くないことを知っていたのだ……。

何もかもが、樹木さんらしかった。最後までまわりを笑わせ、自虐的なギャグを飛ばし、「生きるのも日常、死んでいくのも日常」と平然としてカッコよく、死をも含めて、自分の命をとことん無駄なく使い切って旅立った……。

葬儀が行われた南麻布のお寺の境内には、金木犀《きんもくせい》の甘い香りが漂っていた。

それから二週間、私たちはただ前を向いて走った。

生前、樹木さんはインタビューで、「死はおしまいじゃない」「生きていようが、死んでいようが、境はない」と語っていたが、まさに私たちは、樹木さんと一緒に、映画の公開に向かって駆け抜けた。

吉村プロデューサーも、吉村さんの会社のスタッフも、観世さんも、いつ休んでいるのかわからなかった。

私も、インタビュー、講演、雑誌への執筆、ラジオの収録、対談……と走り続けた。

十月十三日、公開初日の挨拶に立った黒木さんは、舞台上で、「樹木さん、初日を迎えましたよ〜」と、見えない樹木さんに声をかけた。

シネスイッチ銀座で挨拶を終えて外に出た時、映画館の前は、次回上映を待つ観客で黒山の人だかりだった。

みんな映画の中の樹木さんに会いたくて集まってきたのだろう。樹木さんは日本一愛された女優だと思った。

映画「日日是好日」は、公開されるといきなり興行ランキングの二位になり、その後もベストテン入りを続けて、その秋の大ヒット映画になった。

映画化に関わって初めて知ったことだが、日本で一年間に公開される映画は千本以上。毎日三本の映画が公開されている計算になるという。その中で、話題になる映画はほんの一握り。ほとんどは名も知られず消えていく。映画がヒットするなんて、文字通り、千に一つの奇跡なのだ。

映画を観てくれた知り合いから、

「平日の午前中なのに満席で、立ち見もいた。昭和の映画館みたいだった」

と、聞いた。客席には一目でお茶人とわかる着物姿の女性たちがいて、お稽古のシーンや、お茶会の場面になると、席のあちこちで「そうそう」と、頷《うなず》き合い、ドッと笑いが起こり、館内に不思議な一体感があったそうだ。

公開から六十日で、観客動員数は百万人を突破し、興行収入は目標の十億を突破した。

私は、京都の試写会の夜、鴨川の納涼床で見た樹木さんの横顔を思い出した。

もしかすると、樹木さんは、このすべてを計算していたのではないだろうか……。

映画賞のシーズンが始まった。

「日日是好日」は数々の映画賞を受賞した。報知映画賞で監督賞を受賞した大森監督は、スポットライトを浴びながらレッドカーペットを歩いていた。私も授賞式の、パーティーの円卓に座って、監督に拍手を送っていた。

吉村プロデューサーに初めて会った三年前は、「映画化」それ自体が夢で、まさか、こんな場所に来ることになるとは想像もしなかった。

ある日、わが家に一本の電話がかかってきた。

「京都の表千家です」

私は受話器を手に、咄嗟《とっさ》に居住まいを正した。

（映画の中に、何か間違いがあったのでは……。お叱りを受けるのでは……）と、不安が胸をよぎった。すると、

「映画を観ました。お茶に携《たずさ》わる者としても見どころがたくさんあって、いい映画でした」

その言葉を聞いて、一気に肩の荷が下りる思いがし、歓びが湧きあがってきた。

「ところで、一つお訊ねしたいのですが、先生役の樹木希林さんは、ずいぶん長く、お茶をなさっていらしたんですか？」

「……いいえ、今までお茶の経験はまったくなかったそうです」

そう答えると、

「いやぁ〜、信じられません」

と、驚嘆の声が返ってきた。

「あの佇《たたず》まいといい、お点前の間といい……、どう見ても、お茶の先生にしか見えなかった」

その言葉に、私はお点前をじーっと見ていた樹木さんの刃《やいば》のような視線を思い出した。見ているものの、その向こう側まで見通す、ゾクッと身震いするような視線……。

樹木さんが、撮影後のインタビューで、「お茶の先生」の役作りについて問われ、答えている映像を見たのは、その後だった。

「武田先生は、『お辞儀一つとっても違う、他の人とは違う風情がある』って本に書いてあったから、演じるのは大変かなぁ〜と思ったけれども、『森下先生が教わっている先生』と考えると、ちょっとざっくばらんなところがある、ふだんは普通のおばさんでもいいかな〜と思って、肩の力が抜けました」

その言葉を聞いた時、樹木さんが私をたびたび控え室に呼んでくれたわけがわかった気がした。樹木さんは、私とおしゃべりしながら、本当は私ではなく、私の向こうにいる武田先生をじっと見ていらしたのかもしれない。

長い夢

映画の大ヒットと共に、原作『日日是好日』はベストセラーになった。単行本の初版から十六年、文庫化から十年の歳月が過ぎていた。

「海外から翻訳出版のオファーが来ています」

と、編集者から連絡があった。

「ノルウェー、韓国、フランス、イギリス、イタリア、オーストラリア……」

それを聞きながら、私は茫然とし、長い夢の中にいるような気がした。

映画の大ヒットを祝う会が行われた帰り道、

「こんなこと、あるんですねえ……」

と、呟くと、並んで歩いていた編集者が、

「僕も、長年この仕事をやって来ましたけど……こんなこと、あるんですねえ……」

と、言った。

平成三十一年が明けても、映画「日日是好日」はロングラン上映されていた。その年、年号は「令和」に変わったが、大ヒットの余波は続いた。大きな映画館での上映が終わると、小さな映画館で上映され、樹木さんの名言を集めた本が続々と出版され、デパートでは樹木さんの写真や着物を展示してイベントが開かれていた。

私は毎週のように講演の仕事で、東へ西へトランクに着物を詰めて旅していた。どこへ行っても会場はいっぱいで、撮影現場の話をすると、頷きながら聴いてくれる。特に、樹木さんの話題になると、みんな身を乗り出した。

フランスでの上映も決まった。タイトルは、「Dans un jardin qu'on dirait éternel」（永遠に見える庭で）。

その年の暮れ、横浜の野毛で、吉村さんや編集者と、忘年会をした。吉村さんは、新たな映画の企画に取り掛かっていた。再び大森監督と組み、スタッフも「日日」の時の顔ぶれになると聞いた。

また、彼らの映画作りの新しい旅が始まるのだ……。

松風を聴きながら

翌年になっても、講演の旅は続いていた。……しかし、令和二年の春、コロナ禍が世界中に拡がると、暮らしは一変した。次々に講演は中止・延期になり、友人とも会えず、仕事の打ち合わせはオンライン。お茶の稽古も、しばらく様子を見ることになった。

家でパソコンに向き合って暮らす日々が続いた。


それから九カ月……。流行の三度めの波の中で、令和三年が明けた。武田先生のお稽古場は、初釜の中止が決まっていた。

そんな正月、テレビで「日日是好日」が放送されていた。前年にも、BSや地上波で放送されていたのに、コロナの渦中で観る「日日」は、なぜか前より瑞々しかった……。

最後の初釜のシーンで、黒木さんがこう語る。

「お茶を始めて二十四年、世の中は激変した。世界中で誰も想像できないようなことが起きた……」

未来を予見したわけでもないのに、今のことを言い当てられたようでドキリとした。そして、樹木さんのセリフが、当たり前に思えた日常がままならなくなった今こそ、リアルに響く。

「こうしてまた初釜がやってきて、毎年毎年、同じことの繰り返しなんですけれども。でも、私、最近思うんですよ。こうして、同じことができるってことが、ほんと幸せなんだなあって」


六年前の秋、私は数寄屋橋交差点で、昔、行き場のない旅人のように茫然と立っていた大学生の自分を思い出した。紆余曲折だらけだった四十年の道のりが遠目に見え、自分がかけがえのない物語を生きてきたことに気づいた。

人は時々、人生を俯瞰《ふかん》できる見晴らしのいい場所にさしかかるのかもしれない。あの日、人生の景色が変わり、そして、それは映画になった……。

私は今、家で原稿を書きながら、家事や母の世話をしている。

そして時々、歩いて十分のお茶の稽古場へ向かう。

武田先生は八十九歳になられ、庭に面した八畳の稽古場にちょこんと座って、私たちの点前を見てくださる。

湯の沸いた釜が「しーー」と音をたてている。

その静かな「松風」に、私はじっと耳をすます。

おわりに

いつも一人で机に向かい仕事をしている私にとって、五十人もの撮影スタッフが働く騒然としたロケ現場は、圧倒的で濃密で、毎日が火事場のようだった。

撮影が始まる前、ある日、吉村プロデューサーが、ぽろっとこう言った。

「あの撮影現場に入ったら、森下さんはボロボロになるかもしれません」

その通りだった……。

息を殺して本番のモニターを見つめ、カットの声が掛かったら、即座にOKかNGか判断せねばならない。毎日が究極の選択で、寿命が縮む思いがした。何とか無事にこの日々を終えたい……。私はそれだけで精いっぱいだったのだ。

現場のめまぐるしさについてゆけず、ポカばかりやらかした。

あれは撮影の何日目だったか……。台所で多部未華子さんを見かけたので、「おはようございます」とご挨拶したら、多部さんがクスッと笑って、こうおっしゃった。

「森下さん、『おはようございます』って、今日、三度目ですよ」

「えっ……」

我ながらギョッとし、（しっかりしろ、私！）と、自分で自分の肩をがくがく揺すりたくなった。

そんなボロボロの状態だったから、私は撮影中も、映画が公開されてからも、この体験をいつか本に書こうなどという気はさらさらなかった。


映画は予想を超える大ヒットになった。すると、原作者の私に、講演の依頼が次々にやってきた。私は元来、あがり症である。舞台の袖に立つたびに（ちゃんと話せるだろうか……）と怖かった。

それでも一年以上、私は映画化と撮影現場での体験を語り続けた。

スタッフたちとのお茶の稽古。お茶室のセットのこと。いろいろな季節を、たった一カ月で撮ったこと。現場での樹木さん……。やがて、だんだん会場の反応を肌に感じるようになった。じーっと聴き入ってくださる客席の気配。所々で「へえ〜」と声が上がり、頷いたり、笑ったりする。時には、涙する人がいる。それが空気でわかるようになった。

私は「茶道雑誌」の誌上にも、映画化についてのエッセイを連載していた。その一年間の連載が最終回を迎えた時、文藝春秋の石塚智津さんから「本にしませんか」というお話をいただいた。その時、（物語はできている）と、思った。


メモ一行、残っていない。

映画の公開から一年半も過ぎている。

だけど、古くなったとは思わなかった。

月日がたって、初めて物語になるものがある。

人生と同じだ。渦中にある時は、自分がどこにいるのかもわからない。けれど、年月が過ぎて距離ができると、それが道のりのどのあたりで起こり、どんなできごとだったのか、やっとその姿が見えてくる。


そんなわけで、このたび、映画「日日是好日」をめぐる映画人たちと私の数年間の物語を上梓する運びとなった。

題名の中の「青嵐《せいらん》」という言葉は、青葉の頃に吹き渡るやや強い南風を意味する初夏の季語である。現場のスタッフたちの若さと騒《ざわ》めき、そして、緑の庭に面した縁側の清々しさを思い出しながら、この題名をつけた。

全く茶道経験のない人たちが「史上初の現代劇のお茶の映画」に挑んだ、その果敢な挑戦を共にできたことは、私にとって苦しかったと同時に、最高に輝かしい思い出だ。

そして、この無謀な挑戦に、ご協力、ご支援を賜った各界の皆様に、改めて感謝を申し上げる。

四十年間、フリーの身一つで、風に吹かれて書いてきた私のエッセイを、図書館の書棚の無数の本の中から吉村プロデューサーが見つけてくれたことに、不思議な運命を感じている。

そして、プロの技術を手に、身一つで立っている大勢の職人たちが結集し、この映画を作ってくれたことに、心からの感謝と喜びを噛みしめている。

映画化のおかげでこの数年、私は「初めての体験」をたくさんすることになった。それが還暦を過ぎた時からだったことは、人生の大きな計らいのような気がする。

文中、撮影されたシーンのことを多々書いたが、その後の編集でカットされ、映画に使われなかったシーンも多いことをご了承いただきたい。

執筆中、編集の石塚さんが、伴走者として、常に感想と激励とアドバイスをくださった。石塚さん、おかげさまで、最後まで走りきることができそうです。ありがとうございます。

令和三年秋

森下典子

装画・本文挿絵　森下典子（描きおろし）
写真　三木匡宏　©2018「日日是好日」製作委員会
装丁　大久保明子
協力　吉村知己（株式会社ヨアケ）
DTP制作　エヴリ・シンク

【口絵の和菓子】
P5「あやめ饅頭」塩瀬総本家
P6「あじさい（錦玉羹）」御菓子司　こまき

森下典子（もりした・のりこ）

1956年、神奈川県生まれ。日本女子大学文学部国文学科卒。大学時代から「週刊朝日」連載の人気コラム「デキゴトロジー」の取材記者として活躍。その体験をまとめた『典奴どすえ』を87年に出版後、ルポライター、エッセイストとして活躍を続ける。2018年、ロングセラー『日日是好日 「お茶」が教えてくれた15のしあわせ』（飛鳥新社／新潮文庫）が映画化される。その後、続編『好日日記 季節のように生きる』『好日絵巻 季節のめぐり、茶室のいろどり』（ともにPARCO出版）を出版。他に、『いとしいたべもの』『こいしいたべもの』（ともに文春文庫）『前世への冒険 ルネサンスの天才彫刻家を追って』（光文社・知恵の森文庫）『猫といっしょにいるだけで』（新潮文庫）などの著書がある。

本書は、茶道雑誌の連載「風の色、水の聲」（河原書店 2019年4月～2020年3月）を大幅に改稿増量し、単行本化いたしました。

青嵐《せいらん》の庭《にわ》にすわる 「日日是好日《にちにちこれこうじつ》」物語《ものがたり》

二〇二一年十一月二十五日　第一刷発行

著者　森下典子《もりしたのりこ》
発行者　鳥山　靖
発行所　株式会社　文藝春秋
〒一〇二‐八〇〇八
東京都千代田区紀尾井町三番二十三号
電話　〇三‐三二六五‐一二一一

印刷所　萩原印刷
製本所　加藤製本

万一、落丁・乱丁の場合は送料当方負担でお取替えいたします。小社製作部宛、お送りください。定価はカバーに表示してあります。本書の無断複写は著作権法上での例外を除き禁じられています。また、私的使用以外のいかなる電子的複製行為も一切認められておりません。

©Noriko Morishita 2021
Printed in Japan
ISBN978-4-16-391471-8